DOJRZAŁOŚĆ

Ta książka ujawni siły Twojej duszy

Dimitri Wereszczagin

DOJRZAŁOŚĆ

System dalszego energoinformacyjnego rozwoju
IV stopień (DEIR IV)

KOS
Wydawnictwo KOS

Tytuł oryginału:
Зрелость. Система навыков дальнейшего энергоинформационного развития. IV ступень

Tłumaczenie z języka rosyjskiego:
Alina Skoneczna

Projekt okładki:
Marek Ciesielczyk – AMC SZTUKA

Korekta:
Wydawnictwo KOS

Typografia i łamanie:
Ryszard Liebich – Wydawnictwo KOS

ISBN 978-83-60528-43-3

Wydawnictwo KOS
ul. Agnieszki 13
40-110 Katowice
tel./faks (032) 258-40-45, (032) 258-27-20, (032) 254-02-73
tel. (032) 258-26-48
e-mail: kos@kos.com.pl
http://www.kos.com.pl

Druk i oprawa: TRIADAPRESS, 40-322 Katowice, ul. Wandy 16 k, tel. (032) 2541-790
e-mail: biuro@triadapress.com.pl, piotr.kapa@triadapress.com.pl, www.triadapress.com.pl

POUCZENIE PRZED RUSZENIEM W DROGĘ

Otwierając tę książkę, uzyskacie możliwość zmiany swego życia dzięki wejściu na nowy poziom ewolucji. Przyniesie wam zrozumienie prawdziwej przyczyny zdrowia, choroby, ludzkich zachowań i kolei losu.

Uwolnicie się od wpływu wielkich energoinformacyjnych pasożytów manipulujących ludźmi i popychających ich ku autodestrukcji. Pamiętajcie, by nie krzywdzić istot znajdujących się na niższym poziomie rozwoju. Okażcie im troskliwość, pomóżcie im.

Dla was stanie się możliwe to, co dla innych zwykłych ludzi jest nieosiągalne. Nie trwońcie swoich sił, nie marnujcie możliwości w pogoni za marnością tego świata. Przed wami wielki cel – odkrycie nowego świata i poszukiwanie w nim miejsca dla siebie.

Uzyskacie zdolność uzdrawiania. Wykorzystajcie ten dar w zbożnym celu. Pomagajcie bezinteresownie.

Wasza dusza się wzmocni, będziecie mogli poprowadzić za sobą innych. Przynieście im światło i radość, a nie ciemność i ból.

Nie będziecie już zależni od karmy i chorób karmicznych. Pomóżcie to samo osiągnąć innym ludziom.

Będziecie w posiadaniu prawdziwego narzędzia zmiany świata – wiary. Niech w dobrej sprawie służy nie tylko wam.

Aby przejść całą drogę, prawdopodobnie będziecie potrzebować pomocy. Szukajcie jej pośród takich wędrowców jak wy. Spróbujcie rozpoznać się w tłumie, uczcie się wzajemnie od siebie i wzajemnie o sobie pamiętajcie.

Osiągając nowy stopień rozwoju, staniecie się częścią nowej energetycznej wspólnoty wolnych ludzi. Wspierajcie się nawzajem. Pamiętajcie o sobie, wzmacniajcie się – cena wolności jest wysoka i czasem ponad siły pojedynczego człowieka.

Pamiętajcie o nas, którzy pierwsi przeszliśmy do nowego świata. Ogniskujemy dla was nową wspólnotę energetyczną. Zwracajcie się do nas w trudnych chwilach, a my wam pomożemy. Zwracajcie się też do nas w chwilach pomyślnych, a wtedy będziemy w stanie pomóc milionom innych ludzi. Śmierć nie istnieje. Odpowiemy z tamtej strony.

Spróbujcie odczuć związek ze mną, autorem tych słów. Czekam na to. Proście o pomoc i pomagajcie też mnie.

Dodajcie do światła nowej energetycznej wspólnoty także swoje promienie.

Stwórzcie nową wolną ludzkość. Zasługujecie na to.

ZAMIAST WSTĘPU

Od dnia publikacji pierwszych trzech książek minęło niewiele czasu, a mimo to wywołały one oszałamiający wprost odzew – przyszło mnóstwo listów, rozdzwoniły się telefony. To wspaniale – tak wielkie zainteresowanie oznacza, że nadszedł czas dalszego energoinformacyjnego rozwoju.

Całkiem niedawno, około dziesięciu lat temu, nasz naród nie był jeszcze gotowy na przyjęcie nowej wiedzy. Zanadto pochłaniały nas perspektywy pieriestrojki oraz samo wydobycie się z ucisku komunistycznych struktur władzy. Wydawało się nam wtedy, że już wkrótce zaczniemy żyć jak przystało narodowi posiadającemu najbardziej nowoczesne kosmiczne i atomowe technologie, największe zasoby surowców i największe obszary nieskażonej przyrody. Jednak po upływie zaledwie kilku lat ogarnęło nas głębokie rozczarowanie, ponieważ nikt z tych, którzy obiecywali zmiany, nic dla kraju nie zrobił, a większość ludzi „wypadła za burtę".

Stało się oczywiste, że trzeba pomóc sobie samemu, gdyż bezowocne jest czekanie na pomoc ze strony państwa, społeczeństwa, firm, struktur budżetowych czy licznych szarlatanów. Nadszedł czas samodzielnej nauki i zdobywania przewagi, określonych przywilejów. Takie przywileje ofiarowuje system DEIR – system dalszego energoinformacyjnego rozwoju.

Pierwsza książka z serii DEIR we wstępie zawiera historię powstania systemu DEIR. Teraz chciałbym dorzucić jeszcze słów kilka na temat wiedzy przedstawionej w niniejszym tomie. Jednak zanim to nastąpi, pozwolę sobie krótko powtórzyć podstawowe etapy rozwoju wydarzeń. Historia systemu DEIR – dalszego energoinformacyjnego rozwoju – zaczęła się w 1982 roku. Wtedy to przyjąłem propozycję kolegi i zrezygnowałem z pracy nad bronią psychotroniczną „Przyjaźń" (pracowałem pod Jekaterynburgiem). Przeszedłem do pracy nad innym projektem opracowywanym pod Nowosybirskiem. Projekt ten zakładał stworzenie metod umożliwiających każdemu człowiekowi, nie tylko ekstrasensorowi, kierowanie sporą grupą ludzi. Bezpośrednią pieczę nad projektem sprawował Komitet Centralny Partii. Projekt miał odbudować jej zachwiany autorytet.

Nad projektem pracowały cztery osoby: Piotr Kiełdorowskij, Aleksiej Gryszczak, Siergiej Diesmiencow i ja. Chciałbym, żebyście zapamiętali nazwiska tych ludzi, ponieważ to od nich wszystko się zaczęło – byli pionierami opracowania systemu DEIR. Wszyscy odznaczali się wybitnymi zdolnościami ekstrasensorycznymi i doskonale nadawali się do wykonania stojącego przed nimi zadania. Nie wszystko jednak – pod względem technicznym – przebiegało tak, jak życzył sobie tego zleceniodawca. Zadanie zostało wykonane – system umożliwia każdemu człowiekowi opanowanie metod i sposobów ekstrasensoryki, które kiedyś były dostępne tylko nielicznym, szczególnie uzdolnionym jednostkom. Niestety, pojawił się jeden efekt uboczny. Polegał on na tym, że człowiek po stosownym przeszkoleniu tracił zdolność podporządkowania się kierowaniu z zewnątrz. Po prostu stawał się wolny – było to nieuniknione. Zdolność ta nie mogła nie wywołać represji ze strony zleceniodawcy: rzeczywiście, do czego elicie rządzącej przydadzą się wolni ludzie??? Do niczego nie są potrzebni, ba – mogą nawet zaszkodzić.

Dlatego zwlekaliśmy z oddaniem gotowego już projektu. Odważyliśmy się przekazać go dopiero wtedy, gdy władza zaczęła słabnąć. Podczas przetrzymywania projektu włączyliśmy do naszego programu pewne techniki związane z przedłużeniem życia i zachowaniem zdrowia. Opracowaliśmy sposoby podnoszenia energetyki, charyzmy, a także – z inicjatywy Kiełdorowskiego i Diesmiencowa – system podnoszenia energetyki duszy i świadomego kierowania zdarzeniami otaczającego świata.

O systemie podnoszenia energetyki duszy traktuje czwarta część systemu DEIR. W tej części wszystko jest bardzo ważne i wszystko przynosi praktycznie natychmiastowe i oszałamiające rezultaty. Poczynając od czwartego stopnia, stajecie się w pełni niezależni od otaczającej was społeczności, zaczynacie dysponować nieograniczoną osobistą siłą, zdolnościami twórczymi, otrzymujecie dostęp do intuicyjnych danych. Oznacza to, że znaleźliście się na nowym poziomie ewolucji oraz stanowi gwarancję waszego świadomego istnienia po śmierci. Nawet energoinformacyjna struktura eterycznego ciała człowieka będącego na nowym poziomie ewolucji radykalnie różni się od struktury eterycznego ciała zwykłego człowieka. Wstąpcie na ten poziom, by spokojnie i pewnie przekształcić swoje życie na takie, jakiego pragniecie. System ten rozpracowali Piotr Kiełdorowskij i Siergiej Diesmiencow – ludzie wspaniali, pełni poświęcenia i samozaparcia.

Wszyscy, którzy opanowali system DEIR, otrzymują nadzieję. Wyzwolą się, wzmocnią swoje zdrowie. Zapanują nad powodzeniem i będą w stanie dłużej żyć. Ich zdolności przewyższą zdolności zwykłego człowieka.

Życzę wszystkim szczęścia i powodzenia!

Dmitri Wereszczagin, w imieniu własnym oraz w imieniu:
Piotra Kiełdorowskiego
Aleksieja Gryszczaka
Siergieja Diesmiencowa

WPROWADZENIE

Od wzmocnienia duszy – do prawdziwej duchowości

Ewolucja trwa – znów powtarzam te słowa nowym i starym Czytelnikom. Wszystkim, którzy po raz pierwszy dowiedzieli się o istnieniu systemu DEIR z tej oto, czwartej już książki, uparcie będę proponował, by najpierw przeczytali pierwsze trzy książki serii DEIR: „Wyzwolenie", „Oddziaływanie" i „Kształtowanie" – bez nich rozumienie materiału przedstawionego w czwartym tomie będzie bardzo utrudnione. Czytelnicy moich trzech poprzednich książek – moi „zaoczni" uczniowie – doskonale rozumieją, co mam na myśli, mówiąc o nowym poziomie ewolucji.

„Człowiek – to zwieńczenie stworzenia" – tak w przeciągu wielu lat wmawiali nam uczeni materialiści. Jednakże mylili się. W rzeczywistości człowiek w tej postaci, w której istnieje obecnie, absolutnie nie stanowi zwieńczenia dzieła, jest zaledwie półfabrykatem. To istota nieukształtowana całkowicie, niedoskonała, niekompletna, nieharmonijna, która nie zakończyła swojej ewolucji. Teraz na przełomie wieków ludzkości już nie wystarczy obecny poziom rozwoju – stał się za mały i za ciasny. Dlatego ludzie miotają się, nie wiedzą, gdzie znaleźć ukojenie przed tęsknotą i rozpaczą, dlatego wielu prześladuje poczucie, że zabrnęli w ślepą uliczkę.

Wyobraźcie sobie gąsienicę, która jeszcze nie przekształciła się w motyla, ale już poczuła, że pozostawanie w danym stadium rozwoju jest z jakiegoś powodu nieprzyjemne, a nawet obrzydliwe. W naturze, w odróżnieniu od społeczeństwa ludzkiego, wszystko jest bardzo mądrze ułożone: gąsienica odczuje nieprzyjemny stan, ale potem rozwinie skrzydełka i odfrunie. U ludzi wszystko jest o wiele bardziej skomplikowane. Nie wszystkie ludzkie „gąsienice" doczekają się stadium motyla. Po pierwsze dlatego, że nie wiedzą o czekającym ich nowym poziomie rozwoju, nie widzą perspektyw – wtedy wpadają w rozpacz i tracą swą żywotność, zdolności życiowe. Po drugie, ludzie niezadowoleni ze swej sytuacji „gąsienicy" zamiast spokojnie ewoluować, zaczynają niszczyć samych siebie – piją, narkotyzują się, gonią za władzą czy pieniędzmi.

Tylko jednostki wiedzą: nie należy wpadać w rozpacz, panikować, trzeba natomiast cicho i cierpliwie szykować się do lotu.

W czasach, w których przyszło nam żyć – w czasach przełomowych poradzi sobie tylko ten, kto będzie umiał spokojnie i dostojnie przejść na nowy poziom ewolucji. Kto zajmie miejsce człowieka rozumnego? Człowiek Duchowy, Człowiek Uświadomiony, Człowiek Zaawansowany w Rozwoju Osobistym, Człowiek Energoinformacyjny? Niech na to pytanie odpowiedzą uczeni w przyszłości. Nazwa nie jest istotna. Najważniejsze, że człowiek będzie zupełnie inną, nową istotą, a sam poziom ewolucji będzie rzeczywiście jakościowo nowym poziomem. Motyl nie jest tylko lepszą i bardziej dorosłą gąsienicą, ale całkowicie nową istotą. Podobnie rzecz się ma z człowiekiem – stanie się zupełnie nowym tworem natury posiadającym takie cechy, które teraz dla większości są nie do pomyślenia. Zmiany będą dotyczyć nie tyle wyglądu, co wnętrza – człowiek będzie jakościowo inny. Jasnowidztwo, telepatia, może nawet telekineza i teleportacja staną się dla nowego, rodzącego się dziś człowieka taką samą codziennością jak obecnie telefon, telewizor czy komputer.

Powinniśmy jak najszybciej przechodzić w tę nową jakość. Powinniśmy stawać się innymi istotami. Tylko to zagwarantuje ludzkości przeżycie. Obecnie wielu ludzi mówi o jakoby zbliżającym się końcu świata. Jednakże mamy podstawy sądzić, że naznaczony koniec świata został odwołany. Dlaczego? Ponieważ ludzkość wcale nie okazała się tak beznadziejna. Na skraju przepaści pewni jej przedstawiciele nagle dojrzeli i opamiętali się. W rezultacie to tu, to tam, jeszcze niezauważalnie i stosunkowo powoli, ale już w sposób odczuwalny wschodzą kiełki nowej ludzkości – z wolna, niczym trawa wśród kamieni, przebijają sobie drogę. Razem z nimi przeciera sobie szlak także nadzieja na przetrwanie ludzkości. Pojawiają się ludzie, dzięki którym ludzkość przetrwa – osoby, które już przeszły lub gotowe są do przejścia na nowy poziom ewolucji i jednocześnie chcą w tym pomagać innym.

Czy trzeba jeszcze dodawać, że do ich grona zaliczają się także czytelnicy pierwszych trzech książek serii DEIR? Przecież te książki stanowią podręcznik dla początkujących „gąsienic", w którym zawarta jest technika przejścia do stadium „motyla".

Przeszliście już trzy stopnie DEIR i przeczuwacie, co was czeka, nieprawdaż?

Jeśli nie ograniczyliście się tylko do przeczytania książek, a rzeczywiście zastosowaliście w praktyce wszystko to, co było w nich napisane i praktycznie opanowaliście proponowane sposoby postępowania, to potraficie kierować swoją energią, obronić się przed obcymi wtargnięciami, a więc także przed chorobami. Uwolniliście się od patogennego oddziaływania ludzkiego społeczeństwa cierpiącego w wyniku przeludnienia, a także od pożerających masę ludzkiej energii energoinformacyjnych pasożytów kierujących społeczeństwem – ludzką wspólnotą. Staliście się panami swojego losu – nauczyliście się oczyszczać karmę, samodzielnie kształtować potrzebne życiowe okoliczności i realizować swoje prawdziwe pragnienia. Sami możecie wpływać na otaczającą was rzeczywistość, na innych ludzi i całe społeczeństwo. Aby tego dokonać, nikt z nas nie musi być ani prezydentem, ani liderem partii politycznej, ani szefem firmy. Przecież wszyscy oni wpływają na świat za pomocą brutalnego działania na otaczające środowisko. Takie metody należą już do przeszłości. Są charakterystyczne dla poprzedniego poziomu ewolucji, przeżyły się. Nie musicie przecież swoimi działaniami brutalnie wdzierać się w świat materialny – formujecie, kształtujecie zdarzenia i zmieniacie okoliczności w subtelnym planie, w sferach energoinformacyjnych, ponieważ tam jesteście już dostatecznie silni, w odróżnieniu od większości osób. A to właśnie jest cechą charakterystyczną człowieka, który wstąpił na nowy poziom ewolucji.

Tak, osiągnęliście już bardzo dużo – jednakże proces waszego przeistaczania się jeszcze się nie zakończył. Jesteście jeszcze podobni do motylka niewprawnie i niepewnie machającego słabymi skrzydełkami, który ciągle nie posiadł prawdziwej sztuki latania. Oczywiście w porównaniu z większością ludzi, o których w jednej z książek powiedziałem, że są dopiero embrionami, jesteście już całkiem dorosłymi osobami, nawet gigantami. Jednak w porównaniu z pełnowartościowym człowiekiem przyszłości jesteście, naturalnie, tylko dziećmi. Mój Czytelnik to dorastające dziecko, które jak się wydaje, posiada wszystko to, co potrzebne w dorosłym życiu – ręce, nogi, rozwinięte mięśnie, oczy, uszy, umiejętność mówienia, czytania... Ale to nie wystarczy, by stać się dorosłym. Potrzebne jest doświadczenie. Potrzebna jest dojrzałość.

Czym jest dojrzałość z punktu widzenia procesów energoinformacyjnych?

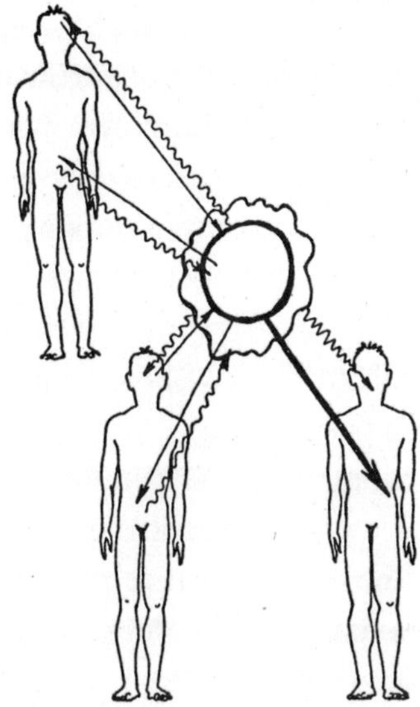

Rys. 1. Energoinformacyjny pasożyt przypomina meduzę. Trzyma na uwięzi tysiące ludzi; od jednych otrzymuje programy, od innych energię Ziemi – dla swoich celów wykorzystuje wszystkich bez wyjątku

Jeszcze raz wrócimy do tego, co już przerobiliśmy. Z pierwszej książki uczyliśmy się, w jaki sposób wyrzucić z siebie energoinformacyjne pasożyty kierujące całym społeczeństwem i każdym człowiekiem z osobna. Wyjawię wam „straszną tajemnicę": przedstawione tam metody obrony są dla tych, którzy przeszli na nowy poziom ewolucji, tylko poziomem szkoły średniej. Energetyczne pasożyty są dla nich nie bardziej straszne niż rozrabiaki z tej samej klasy, które ciągną dziewczynki za warkocze, a nauczycielom podkładają pinezki na krzesło. Człowiekowi dojrzałemu w sensie energoinformacyjnym metody obrony przed energoinformacyjnymi pasożytami nie są już potrzebne – dorosły też nie ma potrzeby, by wdawać się w niepoważne dziecięce kłótnie. Grupa szkolna już dawno straciła nad nim władzę. Człowiek dojrzały dawno już przerósł wszystkie pasożyty energoinformacyjne. Stoi wyżej od nich. Dlatego jest człowiekiem wolnym, a tych potworów nawet nie zauważa.

Staniecie się takim naprawdę dojrzałym człowiekiem, jeśli opanujecie czwarty stopień DEIR, przekazany w tej książce. W tym celu powinniście jeszcze bardziej wzmocnić swoją energetykę. Oprócz tego nauczę was, jak wzmocnić i zwiększać energię własnej duszy. W rezultacie staniecie się prawdziwie duchowym człowiekiem, pozostawiając daleko w tyle współczesne społeczeństwo z jego energoinformacyjnymi pasożytami.

W sposób nieunikniony rodzi się pytanie: co jest tam, w górze? Co jest w miejscu, gdzie już nie widzicie energoinformacyjnych pasożytów, a potwory, smoki i ośmiornice przekształciły się w zwykłe owady, gdzie nie sięga już wpływ społeczeństwa.

Tam jest bezgraniczna przestrzeń i prawdziwa wolność. Tam przed waszym wewnętrznym spojrzeniem otworzy się nowy aktywny składnik otaczającego świata, absolutnie niedostępny percepcji zwykłych ludzi. Są to tzw. Światowe Prądy.

O nich będzie mowa już w tej książce. Światowe Prądy pod względem swej wagi dla losów człowieczeństwa znacznie przewyższają energoinformacyjne pasożyty.

Bardzo mało osób otrzymuje dostęp do Światowych Prądów. Jestem pewny, że moi prawdziwi Czytelnicy zdadzą pomyślnie także ten egzamin.

Każdy, kto dostaje się na poziom Światowych Prądów i uczy się oddziaływać z nimi, poznaje takie prawidłowości urządzenia świata, które ciążą nie tylko nad człowiekiem, ale także nad energoinformacyjnymi pasożytami, a to oznacza, że nimi kierują. Czy wyobrażacie sobie, jakie ogromne możliwości otrzymuje człowiek, który zgłębił te prawa?

Tak, istnieją takie prawa, których zrozumienie do tej pory było niemożliwe. Właśnie dlatego aż do tej chwili nie poruszaliśmy tego tematu, a mówiliśmy o prawach kształtowania swojego losu i swojej przyszłości na takim poziomie, który był dla was w pełni realny. Rzeczywiście, otrzymaliście klucze do swego losu, swojego życia – klucze, których wam nikt nie zabierze. Wyjawię wam jednak jeszcze jedną „straszną tajemnicę": istnieje także przyszłość, która nie zależy od człowieka. Określają ją właśnie Światowe Prądy.

Wyjaśnię: są zdarzenia, które potraficie kształtować samodzielnie ze stuprocentową pewnością, że będzie tak, jak chcecie. Odnosi się to do zdarzeń w jakiś sposób zależących od otaczających was ludzi. Jednakże istnieją zdarzenia, kiedy musi was zadowolić tylko mały stopień prawdopodobieństwa ich zaistnienia. Na przykład człowiek, który podwyższył swoją wrażliwość na percepcję energoinformacyjnego pola, dzięki wskazówkom systemu DEIR, może z łatwością wylosować na egzaminie właściwy „szczęśliwy" zestaw pytań lub, ostatecznie, może spowodować, by egzaminator przyjął jego odpowiedź bezkrytycznie – co przyjęto nazywać „na hura". Wielu moich uczniów z powodzeniem wykorzystywało w ten sposób swe zdolności. Wyłączasz myśli i ręka, najpierw eteryczna, a za nią – realna, sama zmierza do potrzebnego zestawu pytań i wyciąga go – wie, gdzie on się znajduje. Możecie też podporządkować sobie egzaminatora, który z zachwytem śledzi tok waszego rozumowania. W danym przypadku organizujecie sobie zdarzenie – ocenę „bardzo dobry" z dowolnego przedmiotu – i jest to całkiem łatwe. Mając pewne doświadczenie, wiedzę i dokładając starań, można stworzyć takie zdarzenie, jak przełożenie egzaminu. Działa to szczególnie efektywnie wtedy, gdy chce tego jednocześnie kilku studentów rozwiniętych w aspekcie energoinformacyjnym. Wtedy zdarzenia biegną pożądanym torem.

Jednakże wyobraźmy sobie, że wylosowaliśmy szczęśliwy zestaw i właśnie w tej chwili na uniwersytecie (gdzie zdawaliśmy egzamin) zgasło światło. Z waszej piątki – nici. Cóż to oznacza? Odpowiedź brzmi: w sprawę wmieszały się siły wyższego porządku, którym na razie nie dorastacie do pięt i te nieosiągalne dla was siły zakłóciły wasze plany.

Inny przykład: wspaniale zdaliście egzamin, ale nagle z powodu kryzysu w państwie uczelnia zostaje zamknięta. W takiej sytuacji przepadła nie tylko piątka za odpowiedź, ale cały dyplom. Doszło do interwencji sił jeszcze wyższego porządku.

Jeśli rzucacie do góry monetę, macie całkowitą pewność, że spadnie na ziemię. Zadziała prawo grawitacji – inaczej być nie może. Możecie przepowiedzieć to zdarzenie, nie obawiając się pomyłki. Podrzucacie monetę – stwarzacie przyczynę, gdy upada – otrzymujecie skutek. Sami tworzycie to zdarzenie. Jeśli jednak chcecie, by wypadł orzeł, przyjdzie wam się zadowolić pięćdziesięcioma procentami pewności. Realna możliwość, że wypadnie orzeł, wynosi 50 proc., i tyle samo procent przypadnie na przypadek lub ściśle biorąc te siły, którymi na razie nie potraficie kierować, ponieważ nie dorośliście do ich poziomu.

Tak oto istnieją siły, którymi kierowanie jest absolutnie niemożliwe niezależnie od tego, jak bardzo stalibyśmy się dojrzali. W przypadku ludzkości moneta – obrazowo rzecz ujmując – rzucana jest właśnie gdzieś na poziomie Światowych Prądów i na razie nie możemy ingerować w proces jej rzucania.

Nie jest to jednak nic strasznego. Jeśli nie możesz zmienić prawa – nie należy tego robić. Człowiek, który osiągnął określony stopień rozwoju, może poznać „plany" Światowych Prądów. Nie może w nie ingerować, ale znając je, może albo wykorzystać prąd dla swoich celów, albo odejść od niebezpiecznych zakrętów i ostrych krawędzi, skryć się przed nadmiernie wzburzonym prądem. A to jest wielka sztuka. Jej opanowanie jest równoznaczne z otrzymaniem siły i potęgi.

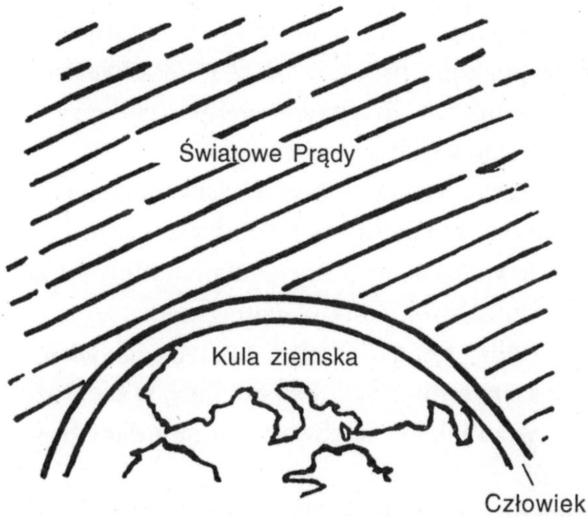

Rys. 2. Ludzkość znaczy bardzo niewiele w porównaniu z wszechświatową wprost skalą Światowych Prądów

Co jest do tego niezbędne? W pierwszej kolejności koniecznie należy znać prawa Wielkiego Świata. Bardzo ważne jest, byście zrozumieli: gdy mówię „znać prawa", mam na myśli nie teoretyczną wiedzę, którą odbieracie tylko na poziomie logiki. Wyobraźcie sobie człowieka, który teoretycznie wie, że istnieje ogień, ale nigdy go nie widział, nie odczuł jego ciepła, światła, nie widział wznoszących się płomieni, nie przysuwał ręki do ognia i nie odsuwał jej z obawy, że się poparzy. Jaki jest pożytek z takiej wiedzy? Żeby umieć z czegoś korzystać, należy to coś odczuć. Dlatego w danym przypadku „znać" oznacza „poczuć". Trzeba odczuć niezwykle ostro, wyraźnie – odczuć samo istnienie tych praw, odczuć na własnej skórze.

Jednakże słowo „skóra" jest tu nie na miejscu. Bardziej właściwe byłoby powiedzenie, że prawa te będziecie musieli odczuć swoją duszą. Na tym polega istota problemu. Dusza powinna być gotowa na odczucie tych praw. Dusza powinna nabrać siły, mocy, wysokości i urosnąć do poziomu tych odczuć. Zatem zrozumienie przez was wyższych praw lub ich niezrozumienie jest całkowicie uzależnione od tego, jak zachowa się wasza dusza.

Teraz słów kilka o duszy. Co to właściwie takiego? Nie należymy przecież do ludzi, którzy sądzą, że dusza jest czymś efemerycznym, wziętym ze słownika poetów czy sentymentalnych dam. Większość ludzi nie odczuwa swojej duszy, dlatego sądzi, że to coś nierozumnego i jakby oddzielonego od nich, coś żyjącego gdzieś w obłokach, całkowicie bez przytomności, bez pamięci, w niezrozumieniu, coś, co musi płacić za jakieś nieuświadomione i dlatego niezrozumiałe grzechy.

To błędne myślenie. Dusza stanowi nieodłączną część człowieka, którą można uczyć, którą można rozwijać, której można nadać świadomość. Dusza może rosnąć, otrzymywać nową wiedzę i uświadomienie sobie siebie w świecie – jeśli rzecz jasna zechcemy prowadzić ją po drodze wiedzy i obdzielenia świadomością. Gdy dusza jest silna i rozwinięta, gdy uświadamia sobie siebie – wtedy tylko od nas samych zależy nasza wolna wola za życia także po śmierci.

Dusza jest po prostu matrycą, kryształem, który rośnie w ciągu całego życia człowieka. Sama z siebie niczego sobie nie uświadamia, z niczego nie zdaje sobie sprawy, ponieważ jest tylko schematem, holograficzną strukturą mieszczącą w sobie wszystkie prawa jednostek kiedyś istniejących. Ona po prostu przebywa w niepamięci po śmierci ciała fizycznego, od narodzin do narodzin.

Jednakże dusza obdarzona świadomością po śmierci ciała nie wpada w niepamięć. Kontynuuje uświadamianie sobie siebie. Sama decyduje o swoim dalszym losie. Dzięki mediom, wybitnym, wyjątkowym ludziom pamiętającym swoje poprzednie wcielenia oraz dzięki badaniom naukowców wiadomo, że prawdziwe duchowe jednostki same wybierają: czy po śmieci będą wolnymi energetycznymi istota-

Rys. 3. Nasza świadomość tylko przebija nieskończenie pojemny kryształ duszy

mi, czy znów pojawią się na Ziemi w kolejnym wcieleniu, czy odejdą w nieznaną dal, czy zostaną tu, by pomagać żywym.

Teraz rozumiecie już, dlaczego większość ludzi nie pamięta ani przeszłego życia, ani przeszłych śmierci? Tylko rozwinięte, silne, obdarzone świadomością dusze nigdy nie wpadają w niepamięć – one świadomie, zachowując umysł i pamięć, kroczą przez życia i przez śmierci, niczego nie zapominając i za każdym razem dokonując świadomych wyborów w kwestii swej przyszłości. Na tym właśnie polega wolne, świadome i samodzielne istnienie duszy na świecie. Od was tylko zależy, w jakim stopniu będziecie zdolni do takiego istnienia.

Na stronach niniejszej książki będziemy zajmować się właśnie tym – wzrostem i rozwojem duszy, osiągnięciem świadomej kontroli nad ruchami duszy. Możecie przekazać własnej duszy potrzebną siłę i świadomość.

Co to jest siła? To także nie jest pojęcie abstrakcyjne. Jak wiecie już z poprzednich książek, siła ciała eterycznego posiłkuje się dwoma strumieniami – czystej energii Ziemi oraz czystej energii Kosmosu. W tej książce znajdziecie coś nowego na temat tej energii i siły. Potraficie już odczuwać strumienie energetyczne, zamykać je i kierować nimi na własne życzenie. Teraz przed wami następny etap – nabycie umiejętności decentralizacji swojej struktury energetycznej. Co to oznacza i do czego jest potrzebne? Oznacza to koncentrację swojej świadomości jednocześnie w czakrze górnej – Sahasrarze i dolnej – Muladharze. Jest to przydatne, ponieważ od naszego stopnia decentralizacji zależy wielkość naszej siły i naszej wszechmocy. Z taką łatwością ofiaruję wam jeszcze jedno odkrycie, którego dokonałem wraz z moimi zwolennikami w ramach systemu DEIR – dalszego energoinformacyjnego rozwoju. To rzeczywiście poważne odkrycie a zarazem jeden z ważniejszych składników systemu, bowiem dla zwykłego człowieka taka konfiguracja struktury energetycznej jest zupełnie nietypowa, żeby nie powiedzieć, nienaturalna. Jest ona natomiast zupełnie naturalna dla człowieka nowej formacji – człowieka przyszłości i jest organicznie z nim związana. Zwykły człowiek otrzymuje energię dla świadomości i duszy przede wszystkim z czakr środkowych. Okazuje się, że to całkowicie nieefektywny sposób dostarczenia energii, który zupełnie nie sprzyja rozwojowi. Energii dostarczanej w ten sposób starcza tylko na tyle, by płomyk duszy zaledwie tlił się i nie zgasł. Aby rozpalić ognisko, które nabierze siły, mocy, swobody i opromieni wszystko

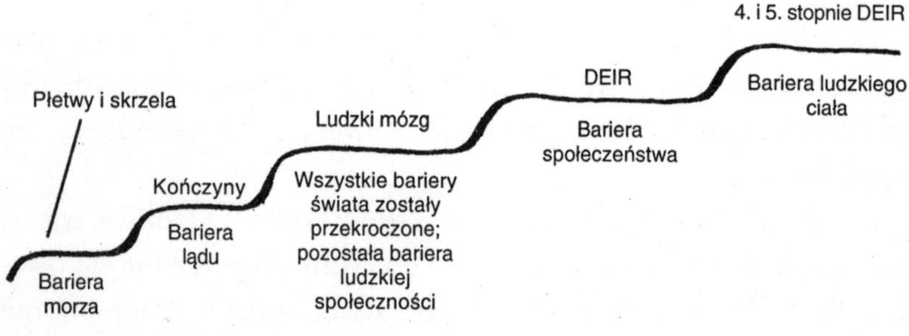

Rys. 4

wokół jasnym światłem, niezbędne jest skoncentrowanie świadomości jednocześnie w czakrach: dolnej i górnej. Czakra górna, otwarta na świadome przyjęcie energii, stanie się waszym źródłem duchowości, bogatego i subtelnego postrzegania świata. Otwarta na świadome odczucia energii czakra dolna – będzie źródłem siły dla spełnień.

Stałe włączenie tych czakr do waszej świadomości spowoduje, że wasze ciało eteryczne i wasza dusza uniezależnią się od ciała fizycznego. Ciało fizyczne traci swoją władzę nad duszą: stan duszy nie zależy już od wyglądu zewnętrznego ciała, od jego chorób, wieku, jego przeszłego doświadczenia. To – wolność. To – szczęście.

Zadanie dla Czytelników tej książki to: osiągnięcie dojrzałości na nowym poziomie ewolucji, uzyskanie siły duszy, podwyższenie poziomu jej wibracji, gotowość rozumienia praw wyższych, uzyskanie przez duszę wolności, samodzielności, obdarzenie jej świadomością, zrozumienie, przeniknięcie wyższych praw. Jako uzupełnienie wolności, którą posiadacie, i umiejętności działania w ludzkiej wspólnocie, otrzymacie także możliwość oddziaływania z przyczynami wyższego porządku, a to oznacza przeniknięcie poziomu efektywnej kontroli i oddziaływania ze światem przyrody nieożywionej i zdarzeń przypadkowych. Jeśli chcecie w pełni się realizować, powinniście koniecznie tego wszystkiego się nauczyć.

ROZDZIAŁ 1.

NIEUCHRONNOŚĆ DOROSŁOŚCI

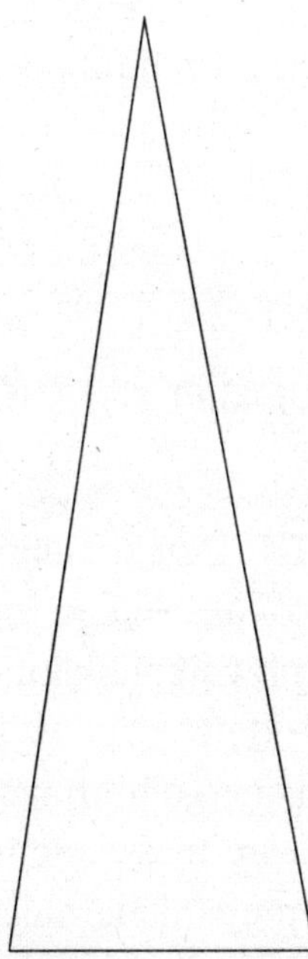

Przystępujemy do opanowania czwartego stopnia DEIR – systemu dalszego energoinformacyjnego rozwoju. Najpierw jednak jeszcze raz przypomnimy sobie i usystematyzujemy nasze główne osiągnięcia na pierwszych trzech etapach. Mam nadzieję, że czytelnicy, których jeszcze nie przekonałem co do konieczności przeczytania pierwszych trzech książek, po zapoznaniu się z poniższą informacją sami zechcą do nich sięgnąć, chociażby po to, by po prostu dogonić tych, którzy zaczęli od początku i są stałymi czytelnikami tej serii.

Trzy stopnie ku wolności

• **Pierwszy stopień DEIR.** Dzięki niemu opanowaliśmy metodę stworzenia i utrzymania wokół swojego fizycznego ciała ochronnej energetycznej otoczki nieprzeniknionej nie tylko dla obcych energetycznych oddziaływań – klątw, uroków i wampiryzmu, ale także chroniącej przed wpływem energoinformacyjnych pasożytów, potężnych struktur egregoru, które nieświadomie tworzy ludzka wspólnota, a które potem otrzymują nieograniczoną władzę nad ludźmi i ich zachowaniem. Takiej otoczki ochronnej nie mają – bo mieć nie mogą – zwykli ludzie. Posiada ją tylko taki człowiek, który znalazł się na nowym poziomie ewolucji – człowiek prawdziwie wolny.

Czymże jest wolność? To zdolność niepoddawania się szablonom, nieulegania schematom i stereotypom społeczeństwa, to umiejętność życia zgodnie ze swoimi prawdziwymi pragnieniami, celami, swoim własnym sensem życia, to także umiejętność osiągania tego, czego wymaga własna osobowość, a nie świat zewnętrzny. W taki sposób może żyć tylko człowiek posiadający ochronną otoczkę. Ten, kto jej nie ma, przez całe życie musi tańczyć tak, jak mu zagrają, niczym marionetka. Spójrzcie uważnie: świat wokół nas pełen jest takich marionetek całkowicie nieświadomie przeżywających swoje życie i w taki sam sposób umierających. Tacy ludzie nie wiedzą, kim właściwie są, po co przyszli na ten świat, istnieją według programu narzuconego przez społeczeństwo. Takiego żałosnego istnienia nie można nazwać pełnowartościowym życiem.

Rys. 5. Taka straszna sytuacja ma miejsce obecnie: ludzkość jest opleciona własną pajęczyną, a ludzie, niczym marionetki, są sterowani przez pająki – energoinformacyjne pasożyty

Kierujące społeczeństwem energoinformacyjne pasożyty, niczym gigantyczny komputer, już od dzieciństwa wbijają nam do głowy określony program całego naszego przyszłego życia. Wtedy człowiek jak bezduszny automat krąży najpierw między domem i szkołą, potem – między domem i pracą, a w domu także na wpół świadomie przemieszcza się z łóżka do stołu, do telewizora, potem znów do łóżka i zupełnie nie zastanawia się, dlaczego zachowuje się w taki właśnie sposób.

Człowiek, który stworzył ochronną otoczkę, uwalnia się od obcych programów. Jego umysł, świadomość, intuicja w pełni włączają się do otaczającego świata – a wtedy zaczyna zachowywać się świadomie i robi to, co jest potrzebne właśnie jemu, przestaje działać

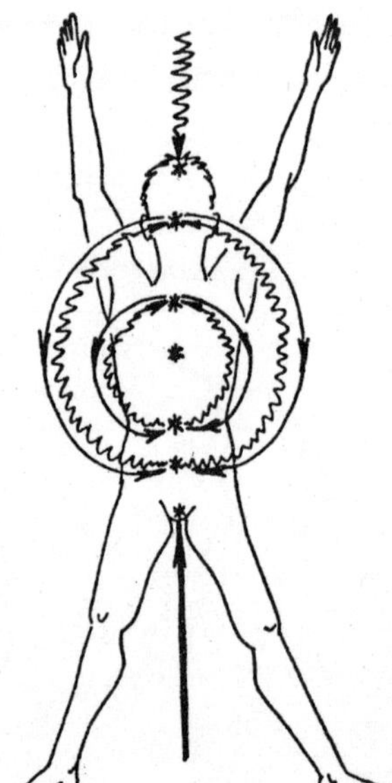

Rys. 6. Wystarczy połączyć strumienie górnych i dolnych czakr, a wtedy nikt już nigdy nie będzie mógł ingerować w wasz wewnętrzny świat. Nigdy. Staniecie się niedostępni i wolni

jak automat i zaczyna pełnowartościowe życie zgodnie z zadaniami i interesem własnej osoby – swej istoty.

Podam przykład, jak w podobnej sytuacji zachowają się: zwykły człowiek oraz człowiek nowego ewolucyjnego poziomu, który stworzył wokół siebie ochronną otoczkę.

Ostatnimi czasy w naszym państwie rozwinął się kult tego, co materialne, w szczególności – pieniądza. Nawet ci ludzie, którzy wydawali się być silni i rozwinięci pod względem intelektualnym, nie wytrzymują presji „złotego cielca", nie zawsze rozumieją, że taka namiętność może skończyć się dla nich źle. Dlatego wielu młodych ludzi, wybierając zawód, wpada w niewolę programu orientującego ich wyłącznie na dobrobyt materialny, i kieruje się tylko chęcią osiągnięcia korzyści materialnych. Rzeczywiście młody niedoświadczony człowiek, nieposiadający ochronnej otoczki, praktycznie nie potrafi sprzeciwić się programowi narzuconemu przez społeczeństwo: trzeba być bogatym za wszelką cenę, gdyż bogactwo da szczęście! Tak właśnie sądzi społeczeństwo, a młodzi naiwnie w to wierzą.

Takiemu młodemu człowiekowi otoczenie wbija do głowy: trzeba być prawnikiem, bankierem, biznesmenem! W takiej sytuacji zwykłemu człowiekowi po prostu nie starcza sił, by wejrzeć do swego wnętrza, do swej prawdziwej istoty i zapytać samego siebie, czy to wszystko jest mu potrzebne. Mechanizm energetyczny programu narzucanego człowiekowi przez społeczeństwo został dokładnie omówiony właśnie w pierwszej książce.

W rezultacie następuje wyłączenie intuicji i odczuć własnych, człowiek jest niczym robot, jak zombi i w takim stanie wybiera zawód według zasady: „Wszyscy tam idą, to ja też tam pójdę". W rezultacie czeka go jeden z trzech wariantów losu:

1. Człowiek uczy się przyszłego, narzuconego mu zawodu z obrzydzeniem, na siłę, stale się do tego zmuszając – w rezultacie nie ma

odpowiedniego przygotowania i nie może zostać dobrym specjalistą. A to oznacza brak kariery, niezaspokojenie ambicji i brak pieniędzy – ta osoba zaczyna myśleć o sobie jak o nieudaczniku, a stąd tylko krok do ciągłego niezadowolenia i szukania pociechy, np. w alkoholu.

2. Człowiek uczy się dobrze, jednak w chwili ukończenia przez niego uczelni na rynku pracy nie ma już zapotrzebowania na specjalistów tego kierunku – staje się więc bezrobotny i albo się skarży, płacze, narzeka, rozpija się, albo mimo wszystko potrafi zastanowić się nad tym, czego naprawdę potrzebuje i szuka innej pracy.

3. Człowiek uczy się zapamiętale, zostaje prymusem, robi karierę, dużo zarabia, ale – albo traci zdrowie, albo jego życie staje się piekłem z powodu gróźb telefonicznych, napadów itp.

Wszystkie te trzy warianty są charakterystyczne dla osoby, która realizuje w życiu nie własny, ale obcy program.

A oto przykład, jak w sytuacji wyboru zachował się mój młody uczeń. który zgłębia system DEIR i stworzył wokół siebie ochronną otoczkę. Rodzina i bliscy też próbowali mu narzucać wybór zawodu – raz miał zostać prawnikiem, innym razem biznesmenem czy bankierem. Wszyscy wokół szemrali, że należy dużo zarabiać. A on był zupełnie spokojny i po prostu nie zauważał wywieranego na niego nacisku. Obca energia zombi po prostu odbijała się od jego ochronnej otoczki. Dokładnie wiedział, że nie wybierze narzucanej mu drogi, że nie pobiegnie śladem ogłupiałego, rozwydrzonego tłumu. Wydawać by się mogło, że zachowuje się wbrew wszelkiej logice: pisał wiersze i doskonale wiedział, że niczym innym nie będzie się zajmować. Krewni krzyczeli, że zwariował, że przepadnie z kretesem, będzie klepał biedę, bo poezja nikomu nie jest potrzebna, nikogo nie nakarmi! On jednak był pewny swego, wiedział, że prawdziwa wewnętrzna potrzeba wiedzie go dobrą drogą i nie zwracał uwagi na tego typu biadolenie.

Jego wiersze wkrótce zaczęto porównywać do pieśni barda. Po jakimś czasie skontaktowało się z nim pewne wydawnictwo z propozycją wydania tomiku jego utworów – co można uznać za cud, gdyż takie sytuacje praktycznie się nie zdarzają. Okazało się, że wydawnictwo zawiódł pewien autor i powstałą niszę trzeba było czymś zapełnić. Redaktor niby przypadkowo zadzwonił do początkującego poety. My jednak wiemy, że nie był to przypadek: w taki sposób energoinformacyjne pole pomaga człowiekowi kroczącemu swoją własną drogą. Gdy tomik poezji został wydany, do naszego młodego człowieka z propozycją współpracy zwrócił się znany kompozytor. Obecnie młody poeta jest popularnym autorem piosenek, ma pieniądze, a jego życie jest interesujące i nasycone spełnianiem się. Należy dodać, że naszemu bohaterowi wszystko ułożyło się łatwo i prosto, jakby samo z siebie. Oto co znaczy być niezależnym, niepodatnym na obce wpływy, co znaczy uwolnić się od narzucanych z zewnątrz programów zachowania.

Mając na uwadze tak duży odzew w związku z wydaniem książek z serii DEIR, sądzę, że czytelnicy posiadający otoczkę pierwszego stopnia DEIR, zasadniczo zmienili swoje życie. Jednakże nie powinno się na tym poprzestać. Należy jeszcze nauczyć się żyć tym nowym życiem – przecież jego prawa całkowicie różnią się od praw życia zwykłego człowieka. Temu właśnie służy drugi stopień systemu DEIR – nowego etapu energoinformacyjnego rozwoju.

- **Drugi stopień DEIR.** Człowiek poczuł się wolny. Nikt i nic na niego nie ma już wpływu. Teraz ważne jest, by właściwie wykorzystać tę wolność. Człowiek, który otrzymał wolność, ale nie potrafi nią rozporządzać, może się zdetonować, zagubić, a potem wpaść w apatię i zanudzić się. Przypomnijcie sobie historie o więźniach, którzy wyszli na wolność, a potem tęsknili za więzieniem. Nie wiedzieli, co robić z wolnością, w więzieniu wszystko było prostsze

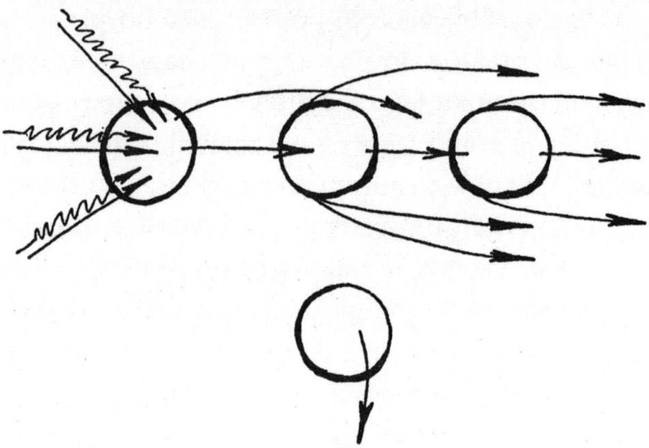

Rys. 7. Wektory pragnień ludzi będących pod wpływem energoinformacyjnego pasożyta nie są zgodne z wektorem pragnienia człowieka wolnego

– ich karmiono, decydowano za nich, nie trzeba było myśleć, jak zorganizować sobie życie.

Drugi stopień DEIR poświęcony jest właśnie wypracowaniu nawyków życia na wolności po uwolnieniu się „z więzienia" i niewoli, w której energetyczne pasożyty trzymają zwykłego człowieka. Przecież po uwolnieniu się od wpływu energoinformacyjnych potworów mimo wszystko musimy wchodzić w relacje ze strukturami świata zewnętrznego, a relacje te powinny nam przynosić maksimum korzyści.

Drugi stopień DEIR nauczył nas żyć na wolności: kształtować swoje prawdziwe pragnienia zamiast tych, które nam narzucano z zewnątrz, przyciągać w życiu potrzebne zbiegi okoliczności w celu realizacji tych pragnień, programować się na sukces i powodzenie, na efektywność własnych działań, na pewność siebie i samowystarczalność, a także na zdrowie i samouleczenie. Dzięki drugiemu stopniowi wyzwoliliśmy się od działania dawnej karmy – przecież ona też programuje nas na określone stereotypy zachowania. Teraz jesteśmy zupełnie wolni we wszystkich aspektach – nie tylko od energoinformacyjnych pasożytów, jesteśmy także niezależni od przeszłej karmy.

Znowu przytoczę przykłady na to, jak zachowują się ludzie po opanowaniu pierwszego stopnia systemu DEIR. Nie będę taić, że wśród moich uczniów byli i tacy, którzy ugrzęźli na pierwszym stopniu i nie potrafili iść dalej. Obserwuję losy dwóch z nich. Obaj po opanowaniu pierwszego stopnia doświadczyli głębokich zmian w swoim życiu. Zmiany te na pierwszy rzut oka mogły wydawać się negatywne: pierwszy stracił pracę, drugiego rzuciła żona.

Wyjaśniłem im, że w rzeczywistości jest to zupełnie naturalne, że w ten sposób zostaje oczyszczona przestrzeń życiowa dla nowych dokonań. Przecież zarówno praca pierwszego z nich, jak i rodzina drugiego nie odpowiadały prawdziwym potrzebom ich energoinformacyjnych istot – obaj wcześniej byli na uwięzi energoinformacyjnych pasożytów i tańczyli, jak im zagrały, realizując ich program.

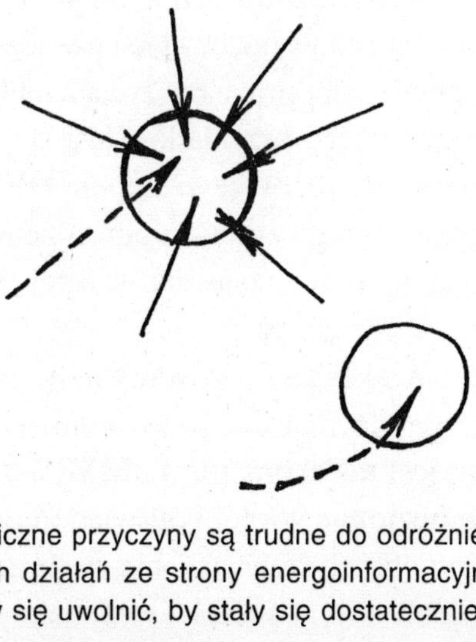

Rys. 8. Karmiczne przyczyny są trudne do odróżnienia z powodu nieprzerwanych działań ze strony energoinformacyjnego pasożyta. Wystarczy się uwolnić, by stały się dostatecznie widoczne

Jeden pasożyt miał potrzebę, by pierwszy z moich uczniów pracował dokładnie tam, gdzie chciał potwór, choć praca nikomu nie dawała żadnej satysfakcji. Drugi pasożyt żądał, żeby drugi uczeń żył właśnie z tą określoną kobietą, która niemiłosiernie, bezlitośnie wykorzystywała energię swojego męża, wyczerpując wszystkie jego siły. Gdy ci ludzie stali się wolni i niezależni, gdy wypracowali ochronną otoczkę, byli już niepotrzebni energoinformacyjnym pasożytom – przecież wolny człowiek przestaje realizować ich plany, a tylko przeszkadza. Energoinformacyjne pasożyty po prostu „wypluły" ich z uzależniających struktur.

Jednak ludzie ci nie mieli sił, by stworzyć na wolnym miejscu coś nowego. Teraz owi zdrowi, silni mężczyźni leżą na kanapach i nudzą się, nie wiedząc, czym się zająć, czemu poświęcić siły. Pozostaje mieć nadzieję, że kiedyś będą mieć powyżej uszu tej swojej melancholii i przejdą do nauki drugiego stopnia DEIR, że będą umieli określić swoje prawdziwe pragnienia i wcielić je w życie – gdy opanują programy na powodzenie, efektywność działań i pewność siebie. W przeciwnym razie wkrótce złapie ich w swoją sieć jakiś nowy energoinformacyjny pasożyt i znów pozbawi ich wolności, zmusi do męki i cierpień w nieodpowiedniej pracy czy życia z niekochaną kobietą.

Na szczęście pozytywnych przykładów jest o wiele więcej. Moi uczniowie po opanowaniu pierwszego stopnia DEIR krótko męczą się z powodu rozpadu starego życia – z powodzeniem tworzą nowe rodziny, znajdują nową pracę, żyją dla własnej przyjemności tak, jak tylko można sobie wymarzyć.

Nie powinniśmy się także zatrzymywać wtedy, gdy opanujemy już drugi stopień energoinformacyjnego systemu. Uczeni wiedzą od dawna – nasz świat jest tak skonstruowany, że wszyscy ludzie związani są ze sobą na poziomie swojej podświadomości. Nawet wtedy gdy uwolnimy się od obcych wpływów, nie znajdziemy się w próżni, mimo wszystko żyjemy w tym świecie, wchodzimy w relacje z otaczającymi nas ludźmi i wpływamy na nich. Cała nasza wiedza na nic się nie zda, jeśli nie nauczymy się pomyślnie wpływać na otaczających nas ludzi, z maksymalną korzyścią dla siebie i dla nich, a w ostatecznym rezultacie – dla całego świata.

- **Trzeci stopień DEIR.** Człowiek, który opanuje trzeci stopień DEIR, harmonizuje swoje otoczenie i przestrzeń wokół siebie. Jeśli nie zharmonizujemy zachowania otaczających nas ludzi, bardzo łatwo znów ulegniemy czyjemuś wpływowi lub znajdziemy się w sytuacji, w której otoczenie może nam wyrządzić szkody, a my nie będziemy mieć sił, żeby temu przeciwdziałać. Dlatego trzeci stopień – to nauczenie się wpływania na innych, kształtowania ich za pomocą energoinformacyjnych metod oraz zwykłych, znanych psychologii sposobów zachowania się.

Nie możemy wszystkich otaczających nas ludzi uwolnić od wpływu energoinformacyjnych pasożytów. Jednak możemy, choćby w momencie jakiejś relacji z nimi, odciągać ich od służenia energoinformacyjnym potworom oraz pobudzać do działania dla dobra harmonii świata i naszego.

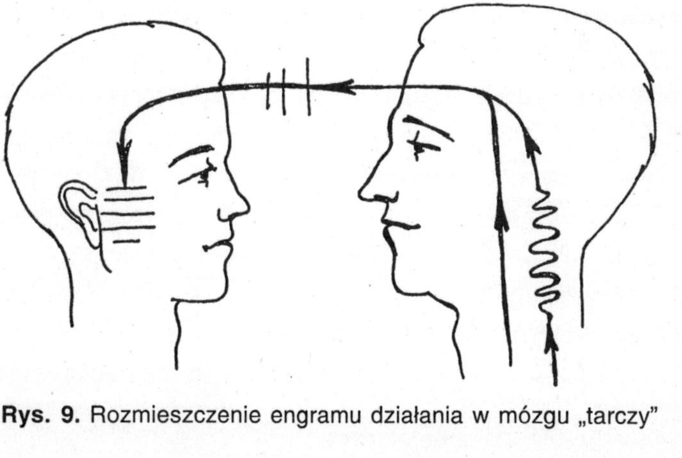

Rys. 9. Rozmieszczenie engramu działania w mózgu „tarczy"

Dlaczego jest to konieczne? W celu wyjaśnienia posłużę się przykładem. Jeden z moich uczniów z bólem serca patrzył na cierpienie swej małej córeczki z powodu wychowawczyni w przedszkolu. Kobieta nienawidziła dzieci, na różne sposoby obrażała je i poniżała, próbowała je złamać, doprowadzała do histerii. Mój uczeń, który opanował jasnowidztwo, zobaczył, że wychowawczyni ma całkiem czarną aurę. Gdyby nasze społeczeństwo posiadało choć elementarną kulturę w zakresie energoinformacyjnych oddziaływań, tacy ludzie nigdy nie byliby dopuszczeni do pracy z dziećmi. Niestety, „czarna" nauczycielka miała znajomości „na górze". Córka mojego znajomego była dzieckiem bardzo wrażliwym, cierpiała więc bardziej niż inne dzieci: zaczęła chorować, płakać bez powodu, straciła apetyt, zaczęła mieć problemy ze snem – jednym słowem, zaczęła się rozwijać nerwica.

Cóż było robić? Nie było możliwości zabrania dziecka z przedszkola. Mój uczeń, człowiek bardzo zaawansowany w osobistym rozwoju, zdawał sobie sprawę z tego, że zawiodą sposoby walki stosowane przez zwykłych ludzi – skargi, awantury nie tylko nie pomogą, a wręcz pogorszą sytuację. Wtedy postanowił za pomocą metod przedstawionych w trzeciej książce kontrolować świadomość kierowniczki przedszkola.

Minął jakiś czas i pewnego ranka, gdy jak zwykle przyprowadził córeczkę do przedszkola, okazało się, że zła przedszkolanka została zwolniona. A kierowniczka podeszła do mojego znajomego i powiedziała: „Proszę sobie wyobrazić, ta kobieta miała całkiem czarną aurę. Musieliśmy zatrudnić kogoś innego". Mój uczeń doskonale wiedział, że kierowniczka nigdy nie interesowała się parapsychologią ani bioenergetyką, i z pewnością słowo „aura" nie istniało w jej zasobie językowym.

Nowa nauczycielka była bardzo dobra i stan dziecka szybko się unormował.

Zatem trzeci stopień systemu DEIR zawiera jeszcze jeden komponent naszej wolności – teraz z łatwością, bez żadnego ryzyka istniejemy i działamy wewnątrz społeczeństwa i nie przeszkadzają nam ludzie poruszani przez jego patologiczne struktury.

Ewolucja – bieg z przeszkodami

Jeśli prawidłowo zrozumieliście wszystko to, co zawierają pierwsze trzy stopnie systemu DEIR, jeśli dobrze zastosowaliście wiadomości w praktyce, możecie sobie pogratulować: osiągnęliście już nowy poziom ewolucji. Życie zmieniło się pod względem jakości, zniknęło niezadowolenie, skończyły się choroby, unormowały relacje z ludźmi wam podobnymi, zmieniła się też na lepsze sytuacja materialna. Każdy ma inne tempo osobistego rozwoju, dlatego niech was nie niepokoi fakt, że wasza sytuacja może być jeszcze daleka od ideału. Najważniejsze, że obraliście prawidłowy kierunek i jeśli się nie zatrzymacie, wszystko będzie się systematycznie poprawiać dzięki waszej rosnącej sile i czasowi.

Z drugiej strony mogą się pojawić wątpliwości – jakie jeszcze trudności mogą wystąpić, przecież osiągnęliśmy nowy poziom rozwoju? Mimo wszystko będą się one pojawiać. Jednakże nie będą to problemy zwykłego człowieka, typu: brak pieniędzy czy awantury z sąsiadami. Przed nami bardzo szczególny problem – z podobną sprawą zetknęliście się przy przejściu na drugi stopień DEIR – dotyczący właśnie przejścia na nowy poziom rozwoju.

Oto pojawia się jeszcze jeden etap wspinaczki, a to oznacza, że znów zderzymy się z trudnościami „okresu przejściowego".

Cóż to za nowy etap? Żeby to pojąć, musimy wyjaśnić, w jaki sposób w ogóle rozwinęło się życie na Ziemi, jak przebiegał proces ewolucji. Nie będziemy wdawać się w szczegóły, przypomnimy tylko najważniejsze etapy ewolucji.

Najpierw na Ziemi pojawiły się organizmy jednokomórkowe – pierwsze bakterie i pozostałe jednokomórkowce. Potem, gdzieś po upływie 2 miliardów lat, powstały pierwsze organizmy wielokomórkowe: robaki, gąbki i inne. Minęło jeszcze pół miliarda lat i pojawiły się istoty posiadające szkielet – kręgowce. Jakiś czas żyły w morzu, potem życie przeniosło się na ląd – kręgowce żyły już nie tylko w wodzie, ale także na lądzie. Powstanie szkieletu umożliwiało szybkie i efektywne przemieszczanie się. Aby zręcznie poruszać się w wodzie, kręgowce wodne miały płetwy i skrzela, natomiast kręgowce lądowe posiadały płuca i kończyny. Kręgowce, rozwijając się, osiągają poziom małp człekokształtnych – wtedy ma miejsce skok do następnego etapu – małpa posiada już intelekt. A taka małpa nie jest już zwierzęciem, tylko człowiekiem.

W skali wszechświata trwa to wszystko zaledwie 15 milionów lat – po upływie tego czasu człowiek przybiera swe współczesne oblicze. Powstają pierwsze zamierzchłe cywilizacje. Razem z nimi – społeczeństwo i państwo. Razem ze społeczeństwami i państwami rodzą się konflikty i wojny o terytoria, o bogactwa naturalne, o stan posiadania i miejsce pod słońcem. Ludzkość przechodzi więc do następnego etapu swojego rozwoju, który cechuje konkurencja. Właśnie z tego powodu, niestety, nie zachowały się pradawne cywilizacje – zniszczyli je kolonizatorzy. W taki sposób np. hiszpańscy konkwistadorzy zniszczyli cywilizację Majów.

Zastanówmy się teraz, czy ta długa ewolucyjna droga prowadząca od jednokomórkowców do współczesnego człowieka mogłaby przebiegać płynnie, gładko, bez żadnych wstrząsów? Ewolucja to nie rewolucja, ale także na drodze ewolucji następują nagłe i znaczne skoki w rozwoju, bez pokonywania przeszkód. Wiemy przecież, że ilość zawsze przechodzi w jakość gwałtownym skokiem. Człowiek np. uczy się alfabetu, zapamiętuje litery, tworzy z nich sylaby. Nowe informacje długo gromadzą się w jego mózgu. A potem pewnego dnia odkrywa, że potrafi już czytać. Ilość zgromadzonych informacji przeszła w nową, nieznaną wcześniej jakość – zdolność pojmowania informacji przedstawionej za pomocą liter na kartce papieru. Podobnie dzieje się w procesie ewolucji: wewnątrz organizmu długo dojrzewa nowa jakość, a na zewnątrz przejawia się szybko, natychmiast, gwałtownym skokiem – jednak w tym celu trzeba wykonać skok przez pewną przeszkodę.

Stosownie do etapów ewolucji żywe organizmy pokonały wiele przeszkód – barier. Najpierw była to przeszkoda wielokomórkowości – zwiększenia rozmiarów; potem bariera aktywnego przemieszczania się związanego z pojawieniem się szkieletu; bariera lądu, bariera intelektu, a w końcu – bariera konkurencji wewnątrz gatunku.

Proszę zwrócić uwagę na pewną sprawę: podczas zbliżania się do każdej nowej przeszkody istota ewoluująca musi nie tylko pokonać nową przeszkodę, nie tylko posiąść nowe cechy, ale także zrezygnować ze starych osiągnięć. Podam przykład: istota żyjąca w morzu wyszła na ląd i okazało się, że skrzela tam tylko przeszkadzają. Na-

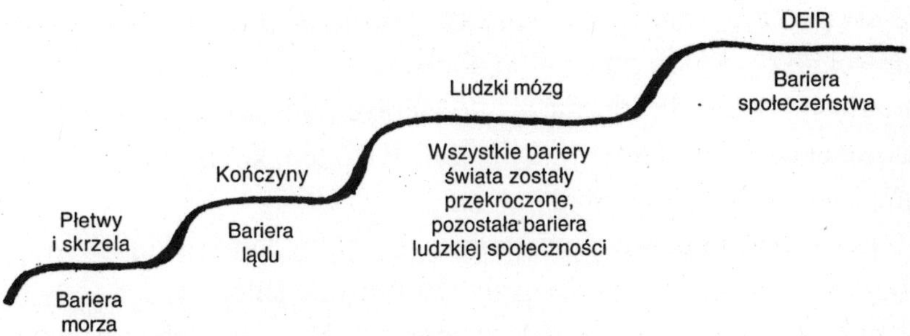

Rys. 10

leżało odrzucić ten nabytek – był on potrzebny dawniej i wtedy stanowił oznakę postępu; teraz okazał się być przeżytkiem, atawizmem, który postęp utrudnia. Cóż robić, wszystko to co stare, co się już przeżyło, trzeba wyrzucić bez żalu, zakładając oczywiście, że chcemy kontynuować rozwój. Tworzeniu się państwa także towarzyszyło coś podobnego: aby masy ludzkie nabrały siły i mocy niezbędnych do przetrwania w walce z innymi ludźmi, należało zdusić indywidualność, intelekt i siłę tych, którzy nie podzielali poglądów mas – dla państwa inaczej myślący stali się pewnego rodzaju atawizmem. Szczególnie ta sytuacja uwidoczniła się w państwach totalitarnych, do jakich należał np. Związek Radziecki. Pamiętamy, że zbudowany został na przelanej krwi, na szaleńczym wprost odrzuceniu starego – nie obeszło się bez wojny domowej, bez „czerwonego terroru".

Możemy zatem wyciągnąć wniosek: ewolucja nie istnieje bez pokonania przeszkód – barier. Oprócz tego zauważyć należy, że przejście każdej bariery – pokonanie każdej przeszkody odbywa się według pewnych prawidłowości. Pokonanie każdej przeszkody odpowiadającej przejściu na nowy poziom ewolucji zawsze przebiega w trzech etapach.

Na pierwszym etapie żywa istota okazuje się być w gwałtownie kurczącej się niszy ekologicznej. Może to się wiązać np. ze zmianą klimatu na Ziemi. Ciepłolubne zwierzęta trafiają na strefę chłodu. Żeby przeżyć, zwierzę powinno szybko zacząć przyzwyczajać się do nowej niszy ekologicznej: albo obrastać w sierść i powiększać tkankę tłuszczową, albo dostać się do ciepłych miejsc. Jasne jest, że to ewolucja wymusza zmiany, a przeżyje tylko ten, kto potrafi się zmienić i zdobyć przewagę nad innymi.

Znany jest unikatowy przypadek, gdy małpy zamieszkujące wyspy Japonii nieoczekiwanie znalazły się w strefie śniegów. Przeżyły te, które „domyśliły się", że należy przedostać się jak najbliżej wulkanicznych źródeł i grzać się w ich gorącej wodzie. A przecież takie zachowanie jest zupełnie nietypowe dla małp! Biały niedźwiedź także pewnego razu przystosował się do „umiarkowanej" niszy ekologicznej – swobodnie czuje się nie tylko na lądzie, ale także w wodzie. A lwy morskie – jego dalsi krewni – całkowicie przemieściły się z lądu do wody i stały się stworzeniami morskimi.

Człowiek w procesie ewolucji, żeby przeżyć, także musiał przystosować się do nowych nisz ekologicznych: zaczął jeść mięso i w ten sposób wyrzucił ze swojej niszy dwóch człekokształtnych, którzy nie stali się ludźmi. Człowiek przeszedł do nowej niszy ekologicznej, a oni pozostali na granicy dwóch nisz.

Na drugim etapie ewolucji stworzenie całkowicie opuszcza starą niszę ekologiczną, ale jeszcze nie do końca przyzwyczaja się do nowej. Klasycznym tego przykładem są koty morskie, a także wydry rzeczne i morskie. Stosunkowo niedawno przeszły z lądu do wody i nie przystosowały się jeszcze w pełni do otoczenia wodnego, wiodąc życie lądowo-wodne. Mówiąc metaforycznie, nie są one pełnowartościowymi gospodarzami zajmowanych przestrzeni, nie osiągnęły jeszcze doskonałości jako zwierzęta typowo wodne. Porównajmy je z innymi przedstawicielami gatunku wielorybów – przecież też są potomkami zwierząt żyjących na lądzie – prymitywnych, parzystokopytnych, które zmieniły środowisko na wodne miliony lat temu. Wieloryby w odróżnieniu od wydr w pełni przystosowały się do nowej niszy ekologicznej – wody i tylko tam czują się jak w domu.

Drugi etap poziomu ewolucyjnego można nazwać zapoznającym się. Stworzenie dawno już pozbyło się cech przeszłej ekologicznej niszy i zupełnie dobrze radzi sobie w nowej, lecz mimo wszystko proces adaptacji do nowych warunków nie jest jeszcze zakończony, choć toczy się pomyślnie. Dla wydr i fok nie istnieje już problem wychłodzenia czy dłuższego przebywania pod wodą.

Na trzecim etapie stworzenie całkowicie opanowuje nową niszę ekologiczną, doprowadzając swój rozwój w nowym środowisku do doskonałości lub jest bliskie temu stanowi. Podam przykład: delfiny, często nazywane ludźmi morza, wprost idealnie przystosowały się do życia w środowisku morskim, podobnie jak istoty ludzkie, które długi czas były doskonale przystosowane do życia na Ziemi. Dinozaury w swoim czasie także były ideałem przystosowania. Wszystko polega na tym, że żadnemu stworzeniu nie uda się wiecznie rozkoszować się w jednej i tej samej niszy ekologicznej. Wcześniej czy później przepełnią ją przedstawiciele tego samego gatunku lub gatunków pokrewnych. Wzrośnie ciśnienie w tej niszy, będzie w niej za ciasno, i żeby przeżyć, część osobników znów będzie musiała piąć się po drabinie ewolucji, zmieniając miejsce zamieszkania albo uzyskując nowe cechy umożliwiające zdobycie przewagi nad innymi przedstawicielami. Tak kończy się trzeci etap przeszkody ewolucyjnej i zaczyna się przejście na kolejny poziom ewolucji.

Spróbujmy określić, gdzie znajdujemy się obecnie? Do którego etapu ewolucji doszliśmy?

Pierwszy etap zaczął się wtedy, gdy kudłate stworzenie o niskim czole i długich kończynach odkryło, że nie wyżywi się dawnym sposobem. Zaczęło głodować – wtedy nie pozostało mu nic innego, jak zacząć pojmować, rozumieć (tak często bywa, prawda?). I oto stworzenie pojęło, że czegoś mu brak, ponieważ nawet za pomocą swoich długich rąk nie może zdobyć pożywienia takiego, jakiego chce. Wtedy stworzenie wzięło do ręki kij. Potem zamieniło kij na maczugę. Stworzenie po raz pierwszy w życiu domyśliło się, że może wykorzystać narzędzia! Tak oto małpa przekształciła się w człowieka. Człowiek pierwotny nie oderwał się jeszcze zupełnie od starej niszy ekologicznej, nie do końca przestał być zwierzęciem, ale zaczął już zagospodarowywać nową niszę ekologiczną – ludzką. Od tej chwili praktycznie zakończyła się ewolucja fizyczna, a do głosu doszła ewolucja jakościowo innego poziomu – ewolucja kultury.

Wkrótce jednak bardzo dużo małp biegało już z maczugami w celu zdobycia pożywienia. Wobec tego znowu zaczęło brakować pokarmu. Trzeba było jeszcze bardziej się uczłowieczyć i wymyślać inne sposoby na przeżycie. Dlatego człowiek wymyślił mnóstwo nowych przyrządów technicznych i urządzeń dla łowiectwa, rybołówstwa, do rozpalania ognia. Nasi przodkowie zaczęli łączyć się w grupy – zajmowali się już nie tylko polowaniem i zbieractwem, ale także rolnictwem. Pojawiła się prymitywna kultura. W ten sposób człowiek wstąpił na drugi etap nowego poziomu ewolucji.

Jednakże i na nowym etapie historia się powtórzyła. Znowu ludzi było zbyt wiele dla danego obrazu życia. Aby przeżyć, przodkowie musieli wymyślać nowe technologie, rozwijać przemysł, naukę, pojawiły się państwa, dzieląc między sobą całą powierzchnię Ziemi. W taki sposób przebiegał trzeci etap danego stopnia ewolucji.

Cóż się okazało? Znowu jest nam za ciasno, nie żyje się spokojnie, postęp techniczny ani sukcesy przemysłu nas nie zadowalają – wszystko to przestało nas już satysfakcjonować. Ta nisza ekologiczna stała się dla nas za ciasna!

O czym to świadczy? O tym, że do dnia dzisiejszego ludzkość przeszła wszystkie trzy etapy ewolucji. Człowiek już dłużej nie może pozostawać taki, jak dawniej. Albo wymrze jak dinozaury, albo przejdzie w nową jakość.

W rozwoju ludzkości nadchodzi nowy ewolucyjny poziom. Wszystkie materialne technologie zabrnęły w ślepą uliczkę, wszystkie narzędzia techniczne, przyrządy, nawet te najnowocześniejsze, np. statki kosmiczne, nie wnoszą już nic więcej do naszego rozwoju, a tylko hamują nas na drodze do nowego ewolucyjnego etapu. Człowiek nie może już rozwijać się w dawnych ramach. Obecnie rozszerzenie owych ram może zachodzić tylko w jednym kierunku – energoinformacyjnym. Dalsza ewolucja ludzkości jest drogą energoinformacyjnego rozwoju.

W jaki sposób mamy wejść na nowy poziom? Wiecie już, że w tym celu należy nie tylko posiąść nowe jakościowo cechy, ale także pokonać stare. Co takiego powinniśmy w sobie pokonać, wznosząc się na nowy poziom? Jaka przeszkoda jest przed nami, jakiego typu bariera? Powinniśmy pokonać barierę społeczności ludzkiej. Obecnie przerosła ona samą siebie. Powinniśmy pokonać swą człowieczą istotę jako istotę społeczną. W danych warunkach pozostawanie istotą społeczną jest nie tylko nieefektywne, ale nawet zgubne: to droga donikąd, uniemożliwiająca przeżycie.

Znów powtarza się historia stara jak świat – zagospodarowana nisza ekologiczna zrobiła się za ciasna. Część rodzaju ludzkiego, ta najbardziej twórcza, postępowa powinna wybić się i oddzielić, by zawładnąć nową niszą ekologiczną, by opanować nowy poziom ewolucji. Znowu powinniśmy zatem przejść trzy nowe etapy nowego poziomu ewolucji, pokonania ewolucyjnych barier.

Teraz powróćmy do systemu DEIR. Przypomnijcie sobie raz jeszcze to, co już opanowaliście, wszystkie nowe jakościowo cechy, które posiedliście. Czy teraz, tak jak dawniej, też czujecie się istotami społecznymi? Myślę, że nie. Czy tak jak dawniej jesteście uzależnieni od społeczeństwa i jego rozwoju prowadzącego w ślepą uliczkę? W żadnym razie!

Domyślacie się, do czego zmierzam? Z pewnością tak. Jesteście już istotami energoinformacyjnymi, a nie społecznymi. Przecież obecnie, nie czekając, aż wszyscy członkowie społeczeństwa osiągną nowy poziom ewolucji, żyjecie według praw tego poziomu – praw energoinformacyjnych, a nie socjalnych. Pokonaliście pierwszy etap nowego poziomu ewolucyjnego rozwoju! Teraz stoicie u progu drugiego etapu tego poziomu.

Ktoś może uśmiechnąć się z niedowierzaniem: czy aby nie za szybko ewoluujemy? Przecież na pierwszym poziomie ewolucji przejście z jednego etapu na drugi wymagało setek tysięcy lat. Moja odpowiedź brzmi: zauważcie, szybkość zmiany wszystkich etapów w przebiegu ewolucji rośnie. Od czasu pojawienia się życia na Ziemi do pojawienia się człowieka minęły prawie trzy miliardy lat, od pierwszego człowieka do pierwszej cywilizacji – około piętnastu milionów lat, od prastarych cywilizacji do początków postępu technicznego – mniej niż dziesięć tysięcy lat, rozwój techniki trwał na Ziemi mniej niż dwieście lat – od końca XVIII wieku do chwili obecnej, a triumf techniki komputerowej – mniej niż dwadzieścia lat. Porównajcie: aby rozwinęło się życie na Ziemi, potrzebne były miliardy lat, natomiast wystarczyło tylko kilka wieków, by technologiczna droga rozwoju zawiodła ludzkość w ślepą uliczkę.

Obecnie czas płynie znacznie szybciej. Żeby przeżyć, powinniśmy ewoluować bardzo szybko, w granicach jednego pokolenia. Nie mamy czasu, by czekać.

Zatem dla własnego dobra przystępujcie do opanowania czwartego stopnia systemu DEIR, który pomoże wam znaleźć się na drugim etapie nowego poziomu ewolucji. Wiecie już, na czym polega sens drugiego etapu każdego poziomu ewolucyjnego: to etap zapoznający. Wtedy ewoluująca istota zupełnie opuszcza starą niszę ekologiczną i zaczyna opanowywać nową. Zatem ten etap jest równoznaczny z całkowitym wyzwoleniem się i uniezależnieniem od poprzedniego poziomu ewolucji. Etap ten powoduje pokonanie „dziecięcych chorób" oraz nabycie dojrzałości przekładające się na powstanie nowej istoty, którą już jesteście.

Obecnie razem wstępujemy na nowy poziom, wyrzekając się przeżytków poprzedniego poziomu, pokonując jego barierę. Następne rozdziały tej książki zawierają wskazówki, jak znaleźć się na nowym etapie i jak się na nim zachować. Ze swej strony gwarantuję wam pomoc i wsparcie oraz kompletną informację o tym, co zawiera nowy etap ewolucyjnego rozwoju odpowiadający nowemu poziomowi DEIR.

ROZDZIAŁ 2.

NOWY ETAP EWOLUCJI – NOWY POZIOM DEIR

Czym jest dusza?

Na drodze ewolucji musimy nieuchronnie pokonywać przeszkody – bariery ewolucji. Przy wyjściu na nowy poziom ewolucji pokonaliście już tę barierę, o której była mowa w poprzednim rozdziale – barierę społeczną. Teraz już nie ma dla was ograniczeń narzucanych przez społeczeństwo. To one przeszkadzały we własnym rozwoju i doskonaleniu się oraz podporządkowały was ludzkiej społeczności. Dzięki trzem pierwszym stopniom DEIR ta bariera została pokonana i uwolniliście się od działania społeczeństwa.

Teraz czeka was przejście na następny etap poziomu ewolucyjnego, staniecie się dojrzali pod nowym jakościowo względem – na nowym etapie. W tym celu będziecie musieli pokonać jeszcze jedną przeszkodę – barierę ewolucji, którą stworzył sam organizm ludzki.

Rzecz polega na tym, że sama organizacja waszego organizmu na danym etapie rozwoju także nakłada na was ograniczenia. Nazwijmy na razie tę organizację – prymitywną. Wasze zadanie polega na tym, żeby przejść od prymitywnej organizacji do organizmu wysoko zorganizowanego. Na tym właśnie będzie polegać pokonanie nowej bariery.

W tym rozdziale wyjaśnimy wyrażenia: „prymitywna organizacja" oraz „wysoki poziom organizacji". Na razie nadmienimy tylko, że istnieje jeden sposób pokonania tej bariery i przejścia na wysoki poziom organizacji – zwiększenie siły duszy.

To nie jest przejęzyczenie – chodzi właśnie o duszę, a nie o energoinformacyjną istotę. Do tej pory poświęcaliśmy wiele uwagi energoinformacyjnej istocie, a na temat duszy praktycznie nie mówiliśmy. Na pierwszych trzech stopniach DEIR byłoby przedwcześnie o tym rozmawiać. Teraz przyszedł na to czas. Jeśli nie zrozumiemy, czym jest dusza, nie będziemy mogli opanować następnych poziomów DEIR. Dlatego pora rozpatrzyć dokładnie tę kwestię.

Wiecie już, że człowiek nie składa się tylko z ciała fizycznego. Ciało fizyczne – to tylko jedna z wielu jego składowych, przy czym najbardziej niedoskonała, prymitywna składowa. Fizyczne ciało umożliwia życie w fizycznym świecie, dlatego rzecz jasna należy się o nie troszczyć, jednak sprowadzenie swojego życia tylko do poziomu zaspokojenia fizycznych potrzeb ciała jest równoznaczne ze sprowadzeniem na siebie chorób, nieszczęść i cierpień.

Oprócz ciała fizycznego człowiek posiada jeszcze wiele subtelnych ciał – niewidocznych dla zwykłych oczu energoinformacyjnych struktur składających się na całokształt energoinformacyjnej istoty ludzkiej. Każdemu z tych ciał odpowiada określony poziom lub warstwa pola energoinformacyjnego, a każde następne ciało jest bardziej subtelną strukturą w stosunku do poprzedniego.

Macie już wyobrażenie ciała eterycznego – składowej bardziej subtelnej niż ciało fizyczne. Ciało fizyczne otoczone jest ciałem eterycznym jak otoczką powtarzającą jego formy, stanowi jakby promieniowanie wszystkich komórek, narządów, części ciała fizycznego – możemy powiedzieć, że jest jego kopią, odbiciem. To właśnie ciało eteryczne przejawia się w postaci aury. Jak sami przekonaliście się podczas opanowywania pierwszego stopnia DEIR, ciało eteryczne może zmieniać swoją formę i rozmiary. To znaczy, że ma pewną swobodę przy przemieszczaniu się w przestrzeni, jednak całkowicie oddziela się od ciała fizycznego dopiero po jego śmierci. Oczywiście ciało eteryczne nie posiada swobody poruszania się w czasie, jest to dla niego przeszkoda nie do pokonania. Nie potrafi znaleźć się ani w przeszłości, ani w przyszłości.

Jeszcze bardziej subtelną składową niż ciało eteryczne jest ciało astralne. Ciało eteryczne można zobaczyć w postaci aury, jednak ciała astralnego dostrzec nie można. Ciało astralne ma więcej swobody w porównaniu z eterycznym – może oddzielać się od ciała fizycznego za życia człowieka oraz przemieszczać się w przestrzeni na dowolne odległości. Ciało astralne właściwie stale się oddziela, np. we śnie – i nasze sny nie są niczym innym jak podróżami po światach astralnych. Światy astralne to światy zamieszkane przez

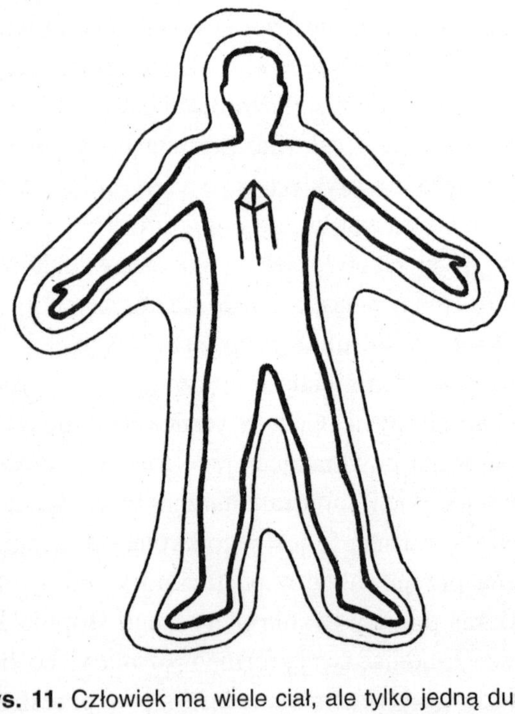

Rys. 11. Człowiek ma wiele ciał, ale tylko jedną duszę

nasze emocje, pragnienia i marzenia. Ciało astralne, w przeciwieństwie do eterycznego, swobodnie przemieszcza się w czasie – ma to miejsce np. wtedy, gdy nazbyt zagłębimy się we wspomnieniach lub marzeniach o przyszłości.

Następny poziom stanowi ciało mentalne. Tworzą je nasze myśli. Mentalne ciało ma swoje prawa. To stosunkowo poważna, silna struktura powstała z naszych wyobrażeń o sobie i świecie, z naszych przekonań, sądów oraz idei. Wszystko to oczywiście może się zmieniać, jednak nie może przemieszczać się w czasie i w przestrzeni. Prawdę powiedziawszy ciała mentalnego w naszym czasie i przestrzeni w ogóle nie ma – znajduje się w innym wymiarze, gdzie nie istnieją ani czas, ani przestrzeń w naszym rozumieniu.

Jest jeszcze kilka bardziej subtelnych ciał wyższego porządku, ale na razie o nich mówić nie będziemy. Powiemy tylko, że wielu sądzi, że te wszystkie subtelne ciała – to właśnie dusza. To z gruntu fałszywe wyobrażenie. Wszystkie te ciała składają się na energoinformacyjną istotę, ale w żadnym razie nie są duszą.

Proszę zwrócić uwagę na fakt, że nieprzypadkowo te subtelne struktury połączono jednym wspólnym pojęciem. Wszystkie oznaczają słowo „ciało". A czym jest to ciało, jaki jest sens tego słowa? Ciało, jak już wiemy, jest tylko narzędziem umożliwiającym istnienie w tym świecie. Fizyczne ciało pozwala żyć w fizycznym świecie, astralne – w astralnym itd. Nie tylko ciało fizyczne, ale także wszystkie pozostałe stanowią tylko narzędzia. Po co są te narzędzia, co dzięki nim istnieje? Zapewne znacie odpowiedź: wszystkie te ciała są narzędziem dla istnienia duszy. Są one siedliskiem duszy. Sama dusza to już osobny rozdział – jest zupełnie niepodobna ani do ciała fizycznego, ani do żadnego innego ciała. Porozmawiajmy zatem o jej naturze.

Na początku warto zauważyć, że jeszcze nikomu się nie udało zarejestrować duszy za pomocą metod naukowych. W pierwszej książce wspomnieliśmy o metodzie Kirliana – o fotografiach umożliwiających zapisanie aury, czyli ciała eterycznego. Istnieją metody pozwalające odczuć i utrwalić ciało astralne. Jednakże nie jest to dusza (o czym dowiedzieliśmy się przed chwilą), a tylko jej siedlisko. Sama dusza pozostaje dla uczonych nieuchwytną strukturą. Wiadomo, że w chwili śmierci ciało traci kilka gramów wagi – wskazują na to eksperymenty naukowe. Jednak nikt jeszcze nie potrafił udowodnić, że to zjawisko spowodowanie jest właśnie odejściem duszy.

Przeprowadzano także inne doświadczenia. Fotografowano człowieka w chwili śmierci i wtedy na wielu zdjęciach była widoczna pewna niewyraźna, mglista struktura jakby wychodząca z ciała lub parująca nad martwym ciałem. Doświadczalnie, za pomocą specjalnych przyrządów potwierdzono, że w kilka dni po śmierci martwe ciało wciąż promieniuje pewnymi falami energii. Jednak znów nie ustalono przyczyny tej energii i niewyraźnych, mglistych struktur. Wielu uważa, że to właśnie jest dusza. Prawdopodobnie jednak są to tylko fragmenty ciała eterycznego oddzielającego się w chwili śmierci od ciała fizycznego.

Niemniej jednak obecnie nawet najbardziej zatwardziały materialista chyba nie będzie negował istnienia u niego duszy. Zastanówmy się, co mamy na myśli, gdy mówimy o sobie „ja"? Czy tylko wygląd, twarz, fryzurę, ubranie – czyli to, co widzimy w lustrze? Nie. Wobec tego może są to nasze myśli, emocje, przeżycia, zasady, przekonania? Może to nasz charakter i temperament? Tak, ale nie tylko. Każdy czuje w sobie oprócz tego wszystkiego coś jeszcze – coś, co trudno jest przełożyć na słowa. W rzeczywistości wygląd zewnętrzny, nasze myśli, przeżycia, nasze przekonania i charakter, a nawet temperament i cechy szczególne psychiki z czasem mogą ulec zmianie, nawet drastycznej. Jednakże mimo wszystko mówimy: „to jestem ja", choć otoczeniu może się wydawać, że staliśmy się już inną osobą. Widocznie jest coś niezmiennego, stałego, coś, co żyje poza granicami świadomości, a nawet poza tym, co nazywamy osobowością, indywidualnością. To „coś" właśnie jest duszą. Mimo że nie można jej ani zobaczyć, ani zważyć, ani sfotografować, obecność duszy na dzień dzisiejszy jest bezsporna.

Dusza jest właśnie tym, co nie umiera wraz ze śmiercią ciała fizycznego, ale przechodzi do innego ciała podczas nowego wcielenia. Z reguły pamięć o poprzednim wcieleniu, o przeszłym życiu nie jest zachowana i właśnie to sprawia, że wielu podaje w wątpliwość fakt istnienia duszy, a tym bardziej jej nieśmiertelności. W rzeczywistości wszystko można wyjaśnić: dusza nie posiada takich właściwości, by sama z siebie zachowała pamięć. Istnieje wielu specjalistów zajmujących się tzw. przebudzeniem pamięci o przeszłych życiach, jednak rezultaty ich doświadczeń są bardzo wątpliwe. Wątpliwości budzi np. fakt, że pacjentki wybitnych, znanych specjalistów od reinkarnacji twierdzą – a tak mówi co piąta z nich – że w poprzednim życiu były: królową, żoną faraona, Kleopatrą czy Joanną d'Arc – krótko mówiąc, jakąś znaną historyczną postacią. A przecież dla wszystkich tych kobiet zafascynowanych reinkarnacją nie wystarczyłoby tych słynnych ludzi. Nie może być również tak, że były jednocześnie Kleopatrami. Dlatego te „wspomnienia o przeszłych życiach" są niczym innym jak tworem ich wyobraźni.

Dusza zwykłych ludzi nie zapamiętuje poprzednich wcieleń. Pamięć zostaje zatarta. Spróbujemy rozważyć, dlaczego tak się dzieje.

Pamięć zwykłego człowieka nie jest zapisana w duszy, ale w komórkach fizycznego ciała. Częściowo jest kopiowana z komórek ciała fizycznego i odciśnięta w ciałach subtelnych. Powtarzam – jednak nie w duszy.

Wraz ze śmiercią ciała fizycznego rozpadają się komórki pamięci. Ciało eteryczne, jak odbicie, dokładny zlepek ciała fizycznego, jeszcze jakiś czas istnieje, zachowując formy i zarys ciała fizycznego oraz jego pamięć. W zasadzie ciało eteryczne żyje po śmierci ciała fizycznego jeszcze przez dziewięć dni. Mieszkańcom domu, w którym ktoś umarł, wydaje się, że odczuwają obecność zmarłego. W rzeczywistości czują obecność jego eterycznego ciała faktycznie znajdującego się w domu. Ciało eteryczne może się swobodnie przemieszczać, a nawet wykonywać pewne działania fizyczne – stukać pokrywkami garnków, szurać po podłodze, upuszczać przedmioty i poruszać zasłonami. W określonych warunkach z ciała eterycznego może uformować się zjawa, którą można dostrzec, a która naprzykrza się mieszkańcom domu nie tylko w ciągu tych dziewięciu dni, ale przez całe ich życie. Na razie nie są jeszcze jasne przyczyny i warunki umożliwiające powstanie zjawy, tak jak i sama natura tego zjawiska.

Powstanie zjawy można jednak zaliczyć do wyjątków. Zazwyczaj dziewięć dni po śmierci ciało eteryczne rozpada się ostatecznie razem ze swoją pamięcią. Ciało astralne, wraz ze zlepkami pamięci odbitymi w nim, prawie natychmiast po śmierci rozpada się lub opuszcza nasze warstwy realności. Dusza natomiast w ogóle nie jest przeznaczona do tego, by przechować pamięć o poprzednim życiu. Oto okazuje się, że nie pozostaje żaden nosiciel tej pamięci – przecież do przejścia do następnego wcielenia, jak już wiemy, przeznaczona jest właśnie dusza, a nie ciało eteryczne czy astralne.

Zbliżyliśmy się już bardzo do zrozumienia tego, czym właściwie jest dusza.

Oto wniosek naszych rozważań: Dusza nie jest energoinformacyjną istotą, nie jest też pamięcią, to nie są nasze własne radości i smutki, uczucia i myśli. Uczucia i myśli, radości i smutki są tym, co nazywamy świadomością. Nie będziemy na razie zgłębiać natury świadomości, powiem tylko, że to zjawisko niematerialne, które właściwie jest naszą osobowością. A dusza – to pewna zasada lub struktura albo schemat czy też matryca, według której zbudowana jest nasza energoinformacyjna istota, wszystkie nasze subtelne ciała i cała ich treść, która składa się na naszą świadomość.

Czy zastanawialiście się kiedyś nad tym, dlaczego ciało fizyczne u wszystkich ludzi jest zbudowane tak samo? Dlaczego ludzkość stale reprodukuje podobnych do siebie – czy to natura nie dopuszcza do różnorodności, do zmian w istniejących konstrukcjach, z wyjątkiem nie tak często występujących potworów? Odbywa się to tak, jakby ktoś raz na zawsze zatwierdził projekt człowieka i czujnie obserwował jego realizację. Jeśli się zastanowić, to założenie nie jest tak dalekie od prawdy – rzeczywiście istnieje taki „projekt" – matryca, zasada, program zapisany w molekułach DNA. Według tego „projektu" Natura „stempluje" wciąż nowe istoty ludzkie, które jak dawniej mają dwie nogi, dwie ręce, jedną głowę i jedno serce.

Według tej samej zasady swój plan, projekt, matrycę posiadają także nasze ciała subtelne. Cała energoinformacyjna konstrukcja nazywana człowiekiem powstaje według określonej zasady. Ta zasada jest właśnie duszą.

Jak z tego wynika, dusza jest pojęciem znacznie bardziej abstrakcyjnym niż ciała subtelne. Jednak nie jest ona czystą abstrakcją, to nie jest coś zastygłego, statycznego, niezmiennego. Struktura duszy zapisuje w sobie, jak na kasecie magnetofonowej czy kasecie wideo, wszystko to, co dzieje się z nami w życiu. Zapiski te można uzupełniać, kasować, zmieniać. A to oznacza, że samą duszę też można zmieniać, że może się ona rozwijać.

Należy jednak zwrócić uwagę na pewną rzecz: dusza tylko zapisuje, odciska na sobie nasze postępowanie, uczucia, myśli, naszą świadomość. Sama dusza swojej świadomości nie posiada. Jeśli spróbujemy uformować własną świadomość duszy i pozwolimy, by dusza to zrobiła, okaże się, że dusza w dobrej wierze sumiennie odciśnie na sobie ten zlepek naszej świadomości, którą posiadamy w danym momencie i w danym punkcie przestrzeni. Dusza sama nie będzie rozwijać tej świadomości. Będzie czekać na następny zlepek.

Mimo że zabrzmi to paradoksalnie, duszę jednak można obdarzyć uświadomieniem sobie siebie. Nie – świadomością, a właśnie uświadomieniem sobie siebie. Dusza może się nauczyć uświadamiać sobie siebie i czuć siebie. Może nawet więcej. Człowiek, który znalazł się na nowym stopniu ewolucji, musi koniecznie nauczyć swoją duszę uświadamiać sobie siebie i odczuwać siebie. Jest to praktycznie poza zasięgiem zwykłego człowieka, ale to typowa oznaka człowieka przyszłości. Powiem uczciwie, że zadanie to jest trudne nawet dla kogoś, kto przeszedł już trzy stopnie DEIR. Nie jest to łatwe, ponieważ odczujemy swoją duszę dopiero wtedy, gdy nauczymy się rozpoznawać i rozróżniać bardzo subtelne odczucia. Odczucia własnej duszy trudno jest wychwycić nie tylko nowicjuszowi. Trudno je pojąć, wydzielić z grupy innych podobnych odczuć.

Dla lepszego zrozumienia posłużmy się analogią do ciała fizycznego. Zwróćcie uwagę na to, że każdy doskonale potrafi odczuć swoją nogę, rękę, głowę. Dzięki swojej świadomości możemy nie tylko odczuwać wszystkie części ciała, ale także kierować ich przemieszczeniem w przestrzeni. A teraz spróbujmy równie doskonale odczuć drogi oddechowe: krtań i tchawicę. Prawda, że to już jest trudniejsze? Jest jeszcze trudniej dokładnie poczuć serce, nerkę czy jelito – oczywiście wtedy, gdy narządy są zdrowe, gdy nic nas nie boli, nie odczuwamy żadnego dyskomfortu. Teraz pomyślcie: czy można odczuć swój mózg? A swoje naczynia krwionośne, żyły, tętnice? Czy można odczuć komórkę w swoim organizmie? Czy możliwe jest odczucie molekuły DNA, w której właściwie zamyka się cała istota życia ludzkiego organizmu, istota każdej jego komórki i narządu?

Nie, niemożliwe jest odczucie molekuły w ciele. Nawet nie ma sensu próbować. Wiecie, że istnieje, jednak jest to wiedza czysto teoretyczna. Fizycznie molekuła jest niewyczuwalna.

Teraz biorąc pod uwagę tę analogię (oczywiście całkowicie umowną), wyobraźmy sobie, jak daleko nasza świadomość w swojej percepcji może wychodzić poza granicę fizycznego ciała. Z taką samą łatwością, z jaką odczuwamy nogi, ręce, głowę, nasza świadomość odczuwa poziom fizycznego ciała, nasz świat materialny. Wyobraźcie sobie, że odczucie krtani i tchawicy odpowiada odczuciu eterycznego, astralnego oraz odczuciu innych subtelnych ciał, tj. są one trudniej odczuwalne niż ciało fizyczne. Umówmy się, że serce oraz inne narządy – to dusza. Potrzebny jest znaczny wysiłek po to, żeby ją odczuć. Wtedy naczynia krwionośne, żyły, tętnice – nie będą niczym innym tylko Światowymi Prądami. Odczuć naczynia krwionośne możemy tylko wtedy, gdy zastosujemy szczególne metody medyczne. Tak samo dla odczucia Światowych Prądów niezbędne są: szczególna wiedza i doświadczenie. A DNA z naszego przykładu odpowiada poziomowi Boga. Żeby poznać i odczuć Boga, potrzebny jest najgłębszy poziom wiedzy, rozumienia i postrzegania świata.

Życie po śmierci – realność

Znajdując się w zwykłym stanie, utożsamiamy się tylko ze świadomością. A dzięki świadomości, jak to już wiemy, można odczuć tylko świat fizyczny. Świadomość powoduje, że jesteśmy świadomi siebie w każdej bieżącej chwili naszego życia w świecie fizycznym. Pamięć, zapisywana w komórkach ciała fizycznego, umożliwia gromadzenie w świadomości wszystkich zdarzeń, jakich jesteśmy uczestnikami, w planie fizycznym i zapamiętywanie tego, co się przeżyło.

Zwykłemu człowiekowi znajdującemu się jeszcze na poprzednim poziomie ewolucji wystarcza pamięci i świadomości dla zwykłego normalnego istnienia. Jeśli pozbawiłby się tej pamięci i świadomości, życie straciłoby sens. Życie bez pamięci i świadomości to w ogólnym rozrachunku nie jest już życie – lecz bezmyślne istnienie cielesnej otoczki. Dlaczego? Ponieważ zwykły człowiek nie posiada nic więcej oprócz pamięci i świadomości. Co zaś tyczy się duszy – jest ona dla niego czymś abstrakcyjnym i nieuchwytnym, czymś, co istnieje gdzieś oddzielnie od niego i czego w żaden sposób nie odczuwa, choć właśnie dzięki duszy istnieje na świecie.

W wyniku takiego braku samoświadomości duszy w życiu zwykłego człowieka występują trzy duże problemy. Problem numer jeden: nieśmiertelność duszy ludzkiej dla zwykłego człowieka nie ma znaczenia, nie przyniesie mu to żadnych korzyści. Nic on nie wie na temat swej nieśmiertelności i w żaden sposób jej nie odczuwa. Dusza nieobdarzona uświadamianiem sobie siebie nie pamięta o nieśmiertelności, w pamięci zaś ta informacja też nie jest zapisana i zwykła, pospolita świadomość nic o tym nie wie. Dlatego nieśmiertelność duszy dla zwykłego człowieka pozostaje w sferze mitów czy marzeń, może stanowić też pocieszenie dla tych, którzy boją się śmierci.

Nasza nieśmiertelność pozostanie dla nas pustym dźwiękiem, jeśli nie będziemy potrafili obdarzyć duszy uświadomieniem sobie siebie i jeśli nie nauczymy się bezpośrednio jej czuć i odczuwać.

Problem numer dwa: ani nasze ciało fizyczne, ani nasza świadomość, ani nasze ciała subtelne nie są w stanie bezpośrednio odczuwać ani Światowych Prądów, ani wyższych prawidłowości, ani Boga. Tylko dusza może to osiągnąć. Ponieważ tylko dusza potrafi stać się jednością ze Światowymi Prądami, z wyższymi prawidłowościami i z Bogiem. Jednakże dopóki nasza dusza nie będzie obdarzona świadomością, niemożliwe pozostanie dla niej osiągnięcie tak wysokiego poziomu postrzegania.

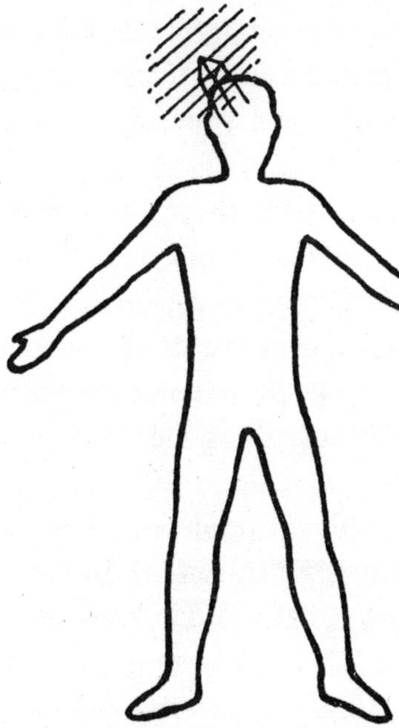

Rys. 12. Ciało eteryczne, świadomość i dusza – tylko ich połączenie może zapewnić nieśmiertelność

Problem numer trzy wynika z dwóch poprzednich: prawdziwa, świadoma, indywidualna nieśmiertelność jest niemożliwa dopóty, dopóki nasza świadomość nie wyjdzie poza percepcję ciała fizycznego i eterycznego.

Wielu ludzi interesuje taka kwestia: czy po śmierci będę pamiętać o tym, że to właśnie jestem ja, Piotr Iwanow, za życia ślusarz mieszkający w Sewastopolu? Odpowiedź jest oczywista: Jeśli Piotr Iwanow za życia był pospolitym, zwykłym człowiekiem o zwykłej świadomości i za życia nie rozwijał percepcji i uświadomienia duszy, to niczego pamiętać nie będzie. Jego nieśmiertelna dusza odejdzie w nieświadome nieśmiertelne istnienie, nie uzyskawszy od człowieka oznak jego indywidualności. Przecież za życia nie znalazł wolnego czasu, by połączyć indywidualność z duszą – jeśli za życia żyły osobno, to po śmierci rozejdą się w różne strony: indywidualność obróci się w popiół, a dusza uleci w nieświadome sfery – do następnej reinkarnacji.

Ale jeśli Piotr Iwanow za życia związał swą świadomość nie tylko z fizycznym ciałem oraz ciałami subtelnymi, ale także z duszą, to po śmierci będzie pamiętać, kim był za życia.

Zupełnie realne jest obdarowanie duszy takim uświadomieniem siebie! Dla wszystkich, którzy przystępują do opanowania czwartego stopnia systemu DEIR, będzie to nie tylko możliwe, ale w pełni osiągalne już w najbliższym czasie.

Zanim zajmiemy się samym procesem takiego przekształcenia duszy, przedstawię zasadę, która tym wszystkim kieruje – zrozumiecie wtedy, że metoda będzie bardzo konkretna.

Wiecie już z poprzednich książek, że energię dla naszej świadomości dostarcza ciało eteryczne, przetwarzając strumienie energii: kosmicznej i ziemskiej. Przypomnijmy: strumień kosmiczny tworzy idee, myśli, przekonania, programy, a strumień ziemski – emocje, nastrój, przeżycia. Wszystko to składa się na świadomość. Siła naszej świadomości zależy bezpośrednio od ilości energii w ciele eterycznym.

Pamiętamy, że ciało eteryczne jest bezpośrednio związane ze świadomością. A to oznacza, że jeśli chcemy związać ze świadomością także duszę, wystarczy związać ją z ciałem eterycznym. Tylko tyle! Złączywszy duszę z ciałem eterycznym, możemy obdzielić ją niespotykaną siłą – przecież wtedy strumienie energii karmiące ciało eteryczne zaczną automatycznie zasilać duszę. Będzie to oznaczać przejście od prymitywnej organizacji organizmu na wyższy poziom (o czym mówiliśmy na początku rozdziału).

O metodzie takiego nastrojenia, takiej regulacji ciała eterycznego albo przełączenia go na taki sposób pracy, kiedy jest złączone z duszą, mówią następne rozdziały.

Tylko wtedy gdy za pośrednictwem ciała eterycznego połączymy w jedną całość duszę i świadomość, możemy świadomie istnieć nawet po śmierci – istnieć zupełnie niezależnie od ciała fizycznego.

Pytanie o życie po śmierci jest podstawowym pytaniem wszystkich religii. Wszystkie religie obiecują raj, królestwo niebieskie – jednym słowem, lepsze życie po zakończeniu naszej ziemskiej wędrówki. Wyjątek stanowi tylko klasyczny buddyzm. Buddyści dążą do uniknięcia powtórnych inkarnacji, ponieważ uważają ziemskie życie za niedorzeczny łańcuch cierpień. Za to upatrują sens w wiecznym istnieniu po śmierci poza ciałem fizycznym – prawdopodobnie chodzi o nieświadome istnienie pośmiertne, gdy ludzka istota traci swą indywidualność, rozpuszcza się w Bogu, w jedności z nim doświadcza wiecznego spokoju i rozkoszy.

Rys. 13. Uświadomijmy sobie – człowiek żyje na Ziemi, czerpiąc energię od niej i od bezkresnych przestworzy wszechświata

Przedstawiciele innych religii marzą o świadomym życiu pozagrobowym. Powstaje jednak wiele wątpliwości co do tego, czy wszyscy mogą osiągnąć taki stan. Najpewniej rzesza wierzących bardzo się myli odnośnie do życia po śmierci. Chodzi o to, że „niebo w diamentach" może zobaczyć niewielu, tylko nieliczni wybrani.

Kim są ci wybrani? Po pierwsze, oczywiście, twórcy religii. Wszystkie religie bez wyjątku tworzyli ludzie doskonali pod względem duchowym. Osiągnęli taki poziom rozwoju, który pozwalał bezpośrednio czuć Boga, odbierać na poziomie odczuć jego obecność i wszystkie jego przejawy. Właśnie dlatego ludzie ci zostali założycielami religii, właśnie dlatego wokół nich zaczęli się gromadzić czciciele, wyznawcy i kontynuatorzy.

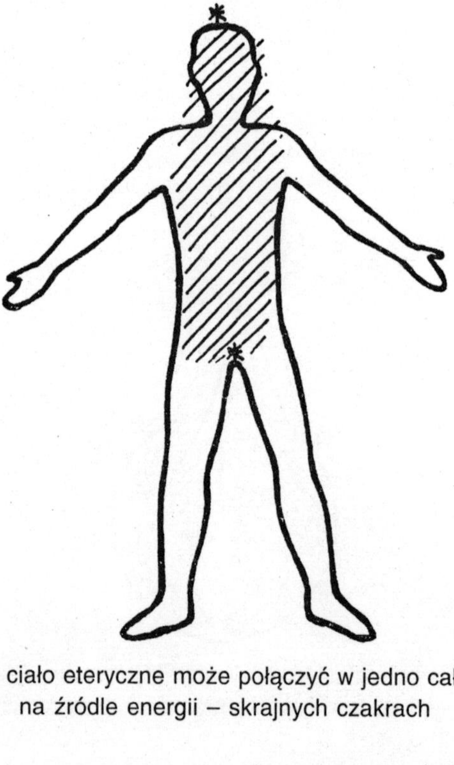

Rys. 14. Tylko ciało eteryczne może połączyć w jedno całą naszą istotę na źródle energii – skrajnych czakrach

Jednakże jeśli założyciele religii osiągnęli tak wysoki poziom swojego rozwoju, nie oznacza to jeszcze, że ten poziom mogli także osiągnąć wszyscy ich kontynuatorzy, wszyscy stronnicy i zwolennicy danej religii, jak ich określa cerkiew: wierni. Człowiek wierzący, statystycznie rzecz biorąc, nie jest dostatecznie przygotowany do kontaktu z Bogiem. Po prostu ten poziom jest dla niego niedostępny. Właśnie dla takich zwykłych ludzi stworzono cerkiew, wymyślono modlitwy, to dla nich istnieją różnorodne rytuały religijne. Przecież jeśli stopień rozwoju człowieka jest niedostateczny i dlatego nie może sięgnąć poziomu Boga, potrzebny mu w tym celu jakiś pośrednik. I gdy wielu takich ludzi zbierze się w jednym miejscu – w cerkwi, gdy zaczynają się modlić i odprawiać obrzędy religijne, ich połączona energia tworzy nową energoinformacyjną wspólnotę – wspólnotę wyższego rzędu w porównaniu z pojedynczym człowiekiem. W ten sposób powstaje pośrednik – niezbędny dla zwykłego człowieka.

Dzięki tej wspólnocie utworzonej w cerkwi, jednostka może obcować z Bogiem. Przecież pojedynczy człowiek nie ma sił do takiego obcowania. Gdy natomiast podłączy się do energoinformacyjnej wspólnoty powstałej dzięki siłom wielu ludzi, sam otrzymuje dostęp do tej siły umożliwiającej wzniesienie się na Boski poziom.

Powiem więcej – sama cerkiew utrzymuje się dzięki całokształtowi energii swoich zwolenników. Dlatego staje się nie tylko pośrednikiem między Bogiem i ludźmi, ale także sama rośnie w siłę wystarczającą do rozwiązania części problemów pojedynczych ludzi. Mówiąc prościej, jeśli człowiek chce rozwiązać pewne problemy, niekoniecznie musi zwracać się do Boga, wystarczy, że zwróci się do cerkwi, a ona pomoże mu dzięki swej sile, bez uczestnictwa Boga.

Zwróćmy uwagę na fakt, że cerkiew i religia faktycznie mogą pomóc człowiekowi w rozwiązaniu problemów. Jednakże jakiego typu są to problemy, czego dotyczą? Otóż dotyczą wyłącznie życia ziemskiego. I religia, i cerkiew praktycznie nie mają człowiekowi nic do zaoferowania w kwestii dalszego istnienia po śmierci. Nawet najbardziej zagorzały zwolennik cerkwi nie dostanie żadnych gwarancji, że po śmierci będzie świadomie istnieć. Jeśli człowiek w czasie swego ziemskiego życia nie dorósł do bezpośredniego obcowania z Bogiem i potrafi obcować z nim wyłącznie dzięki pośrednikowi, to po śmierci, pozbawiony takiego pośrednika, nie będzie mógł świadomie połączyć się z Bogiem. Gdy modlitwa nie była szczera, gorąca, jeśli wypływała tylko z przyzwyczajenia, jeśli nie ma percepcji Boga, to po śmierci, gdy pomoce w postaci rytuałów pozostaną w ziemskim, materialnym świecie, dusza człowieka może poczuć się zagubiona i może dosłownie stracić świadomość. Przecież za życia przywykła do tego, by swoją osobistą świadomość zastępować tymi pomocami.

Uściślijmy pewną kwestię: po śmierci każdego człowieka jego dusza będzie przebywać w Bogu, gdyż Bóg jest wszystkim. Jednakże istnieje ogromna różnica między świadomym i nieświadomym przebywaniem w Bogu. Jeśli za życia człowiek nie wyszedł poza granice cerkwi i religii, będzie przebywać w Bogu w sposób nieświadomy. Religia nie daje szansy swoim szeregowym wyznawcom ani świadomie umrzeć, ani świadomie żyć po śmierci.

Religia daje tylko możliwość wyboru jednego z kilku aspektów nieświadomego istnienia, najbliższego danemu zwolennikowi danej religii. Ale nawet nieświadome istnienie ma swoje granice: chrześcijaństwo obiecuje wieczny pokój, islam – wieczną szczęśliwość, błogostan, a np. kilka religii afrykańskich – wieczny bój. Zatem dusza po śmierci, w zależności od religijnych preferencji człowieka, będzie przebywać w świecie pokoju lub bitwy, jednak nie będzie sobie tego uświadamiać.

Może chcecie zapytać, jak to możliwe, żeby trwać w błogostanie lub w walce i nie uświadamiać sobie tego? Możliwe, bardzo możliwe – nie tylko po śmierci, także za życia. Przecież w naszej podświadomości stale zachodzi mnóstwo procesów, o których nawet nie mamy pojęcia. Podświadomość właśnie dlatego nazywa się podświadomością, że zwykły człowiek nie ma do niej świadomego dostępu, przebicia w podświadomość zdarzają się czasem we śnie. Nasza podświadomość, całkowicie niezależnie od świadomości, to prowadzi jakieś bitwy, to znów przebywa w błogostanie, a my wychwytujemy tylko niewyraźne odgłosy wszystkich tych procesów, zupełnie nie rozumiejąc np. przyczyn swego złego nastroju, mrocznych myśli czy też odwrotnie – niewyjaśnionej, bezpodstawnej radości. Przy wyłączonej świadomości, np. pod narkozą albo w stanie śpiączki, w podświadomości nie ustaje żaden z trwających procesów, wszystkie toczą się swoim trybem, choć człowiek o tym nic nie wie. Tak samo jest po śmierci – procesy nieświadome będą trwać, jednak człowiek, który nie wzniósł się ponad poziom zwykłej świadomości, nic o tym nie będzie wiedział. Aby świadomie móc istnieć po śmierci, dusza powinna zostać obdarzona świadomością jeszcze za życia.

System Dalszego Energetycznego Rozwoju pomoże wam pokonać poziom zwykłej, pospolitej świadomości oraz umożliwi świadome życie po śmierci. W tej kwestii system DEIR stoi ponad wszystkimi religiami. I jeszcze jedna ważna sprawa: system DEIR nie kłóci się z żadną istniejącą religią.

Pełne opanowanie systemu DEIR pozwala osiągnąć taki wysoki poziom rozwoju, dzięki któremu człowiek zaczyna bezpośrednio odczuwać Boga – bez jakichkolwiek pośredników czuć jego obecność. Osiągnięcie takiego poziomu spowoduje, że będzie mógł wybrać sposób istnienia po śmierci.

Uprzedzam jednak, że tak wysoki etap rozwoju nie jest możliwy do natychmiastowego osiągnięcia, nie nastąpi to dziś czy jutro. O tym, w jaki sposób zjednoczyć się z bóstwem, powie dopiero książka wieńcząca serię DEIR, ponieważ będzie w niej omawiana bardzo subtelna i złożona kwestia. Na razie nie możecie sobie nawet

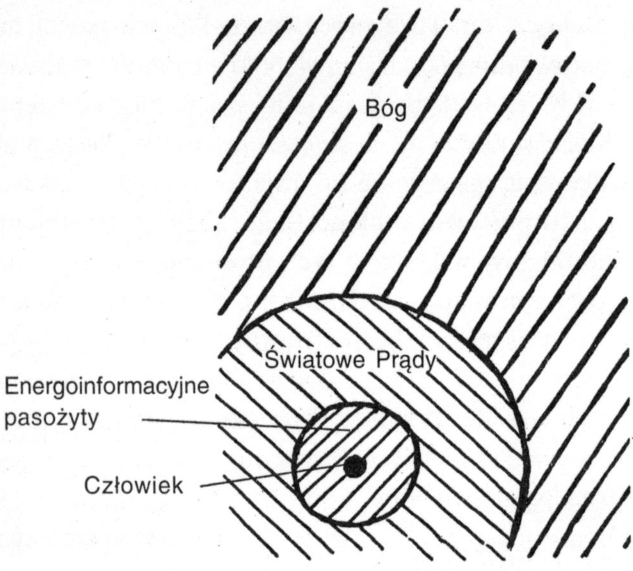

Rys. 15. Społeczeństwo spowite mgłą energoinformacyjnych pasożytów jest tylko nic nieznaczącym pyłkiem w oceanie Światowych Prądów, nad którymi znajduje się Bóg

wyobrazić, jaką doskonałą istotą trzeba być, żeby nauczyć się subtelnie odczuwać tylko niektóre aspekty istnienia Boga. Bóg wciąż przecież jest istotą niedosięgłą, niepoznawalną dla człowieka – tak twierdzą praktycznie wszystkie religie i systemy filozoficzne. Tego stanu rzeczy nie zmieni ani współczesna nauka, ani system DEIR.

Człowiek nie może poznać Boga w jego pełni, ale może go musnąć – dotknąć w dostępnych dla siebie granicach. Jednakże nawet taki dotyk jest możliwy tylko w wypadku istot doskonałych. Trzeba więc umieć odbierać bardzo subtelne odczucia. Przecież by móc odczuć obecność Boga, należy najpierw nauczyć się odróżniać boskie przejawy od nieboskich. Wielu ludzi myli te przejawy, popełniając tym samym straszny błąd. Za boski przyjmują oni wpływ energoinformacyjnych struktur stworzonych przez samych ludzi, np. energoinformacyjną wspólnotę wytworzoną w cerkwi czy wpływ znanych nam już energoinformacyjnych pasożytów. Wielu myli także Boga ze Światowymi Prądami – to oczywiście jest już wyższy poziom w porównaniu z energoinformacyjnymi pasożytami, ale do Boskiego poziomu jeszcze mu daleko.

Już w najbliższym czasie będziecie się uczyć odróżniania tego, co Boskie od tego, co Boskim nie jest. Najpierw jednak warto zająć się połączeniem w jedną całość duszy, ciała eterycznego i świadomości. Umożliwi to przekazanie ogromnej siły waszej duszy. A naprawdę silna dusza może bardzo, naprawdę bardzo wiele, wtedy – w dosłownym tego słowa znaczeniu – ma u swych stóp cały świat.

Zatem w tym rozdziale próbowałem wyjaśnić, jakie znaczenie ma dla nas metoda złączenia duszy, ciała eterycznego i świadomości – metodę tę opanujecie wraz z czwartym stopniem systemu DEIR. Podsumujmy teraz wszystko, poczynając od spraw najważniejszych. Po pierwsze, metoda umożliwi nam świadome istnienie po śmierci. Po drugie – posiądziemy możliwość odczuwania Światowych Prądów. Po trzecie, osiągniemy dostęp do niewyczerpalnego źródła tworzenia, kształtowania, wolności w relacjach ze światem. Po czwarte, metoda umożliwi nam dysponowanie jeszcze innym niewyczerpalnym źródłem – siłą. Po piąte, otrzymamy możliwość pełnego posługiwania się intuicją umożliwiającą nam w każdej chwili dostęp do nieświadomych obszarów naszego istnienia i znalezienie tam prawdziwej i dokładnej odpowiedzi na każde interesujące nas pytanie. W rezultacie wzniesiemy się znacznie ponad pierwsze trzy stopnie systemu DEIR – tzn. przerośniemy poziom energoinformacyjnych pasożytów, będziemy potężniejsi od nich pod wieloma względami: siły, mądrości, stopnia wolności, w możliwości wpływania na otaczający nas świat.

W systemie DEIR wszystko to nosi nazwę: wzmocnienie duszy.

ROZDZIAŁ 3.

PLAN DZIAŁANIA: TRZY KROKI, KTÓRE POWINNIŚMY WYKONAĆ

Uważny czytelnik na pewno już zauważył, że czwarta książka systemu DEIR poświęcona życiowo niezbędnej kwestii – wzmocnieniu duszy, zawiera bardzo dużo materiału teoretycznego. Można powiedzieć, że jest przesycona teorią. Bardzo ważną sprawą jest przyswojenie sobie całej teorii. To warunek konieczny, jeśli chcecie iść naprzód.

Ponieważ temat jest wystarczająco trudny, cały materiał teoretyczny musi zostać dokładnie przyswojony. Właśnie w tym celu powstał ten trzeci, najkrótszy w książce, rozdział. Dzięki niemu czytelnik lepiej opanuje teorię i będzie mógł płynnie przejść od teorii do praktyki. Można więc powiedzieć, że to rozdział przejściowy. Podsumujemy w nim wszystko, co powiedzieliśmy do tej pory i wyraźnie określimy kroki, które powinniśmy wykonać, by z powodzeniem przejść czwarty stopień DEIR.

Mówiliśmy, że musimy połączyć w jedną całość duszę, świadomość i ciało eteryczne. Aby tak się stało, konieczne są trzy kroki.

• ***System nawyków DEIR*** Stopień 4.

Krok 1. Uświadomienie duszy. Uduchowienie świadomości

Z poprzednich rozdziałów wiecie już, że duszę należy uczyć, rozwijać i obdarzać świadomością. Dusza powinna uświadomić sobie siebie, a świadomość powinna stać się jednością z duszą – powinna zostać uduchowiona. Dopiero wtedy dusza może być samodzielna, niezależna od ciała, tylko wtedy zostanie naprawdę obdarzona nieśmiertelnością. Ale to jeszcze nie wszystko. Nie tylko istnienie po śmierci, także życie na Ziemi, w tym ciele, dla człowieka z uświadomioną duszą i uduchowioną świadomością staje się jakościowo inne, o czym wkrótce przekonacie się na własnym przykładzie.

To przecież właśnie dusza umożliwia odkrycie w sobie źródła twórczości oraz twórczej percepcji świata i konkretnej działalności w obszarze różnych rodzajów twórczości. U większości ludzi to źródło twórczości jest całkowicie zamknięte. Śpi i najczęściej nigdy się nie budzi. Natura obdarzyła każdego człowieka zdolnością do twórczości. Pomyślcie tylko: każdy z nas został tak stworzony, żeby stać się twórcą, żeby rozwijać jakiś swój talent. A co widzimy w rzeczywistości? Ludzie wypaczeni przez społeczeństwo żyją jakby w uśpieniu i zupełnie nie czują daru natury, który posiadają

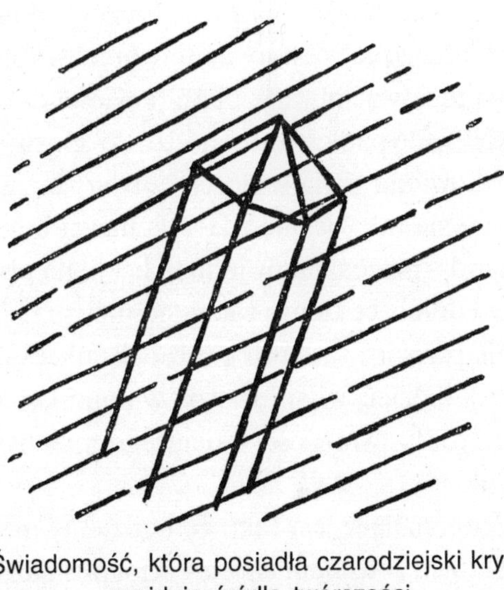

Rys. 16. Świadomość, która posiadła czarodziejski kryształ duszy, znajduje źródło twórczości

w swoim wnętrzu. Dlaczego? Żeby człowiek stał się twórcą, musi spełniać jeden warunek: mieć uświadomioną duszę i uduchowioną świadomość. Człowiek pozbawił się tej cechy, wypaczając naturę. Nasze zadanie będzie polegać na odzyskaniu tej cechy, gdyż ten, kto wstępuje na nowy poziom ewolucji, nie może nie być twórcą.

Uświadomienie duszy i uduchowienie świadomości można osiągnąć za pomocą specjalnych metod opisanych w następnym rozdziale. Metody te wywołają u was odczucia, które z niczym nie dadzą się porównać, których na nic nie można przełożyć, są nieprzekazywalne i niezapomniane. W rezultacie obudzi się w was uśpione źródło twórczości. Posiądziecie zdolność wyrażania wszystkich swoich uczuć poprzez najbardziej pożądany i najbliższy wam rodzaj twórczości, np. poprzez: poezję, muzykę, malarstwo, rzeźbę itp. Stanie się tak niezależnie od waszego wieku, zawodu, życiowego doświadczenia, niezależnie od tego, czy mieliście jakieś wyobrażenie o działalności twórczej.

Życie daje wiele przykładów na to, że ludzie w dojrzałym wieku, dotąd dalecy od jakiegokolwiek rodzaju twórczości nagle ni stąd, ni zowąd zaczynają malować obrazy, pisać powieści czy grać na akordeonie. W takich przypadkach dochodzi do głosu spontaniczne, samoistne uduchowienie świadomości i otwarcie się źródła twórczości. Tak, może się tak właśnie zdarzyć, nawet bez zastosowania specjalnych metod – po cóż mamy jednak liczyć na przypadek i czekać, aż twórcze zdolności kiedyś same się ujawnią? Taka pasywna postawa nie daje przecież żadnych gwarancji sukcesu. Poza tym jeśli już będziemy wiedzieć, w jaki sposób w pełni świadomie, samodzielnie odkryć źródło twórczości – dlaczego mielibyśmy z tej wiedzy nie skorzystać?

Najbardziej interesujący jest fakt, że będziemy mogli upajać się nie tylko konkretnym rodzajem twórczości – posiądziemy zdolność twórczej percepcji świata we wszystkich jego przejawach. Nasze postępowanie, każde nawet najbardziej banalne działanie, jak np. zmywanie naczyń, remont mieszkania czy pójście do sklepu stanie się radosnym aktem twórczym. Tylko takie życie ma sens – gdy wszystko w nim jest twórczością.

- ***System nawyków DEIR*** Stopień 4.

Krok 2. Rozgałęzienie świadomości

Gdy już odkryjemy i uświadomimy w sobie duszę, powinniśmy przygotować ciało eteryczne do przywrócenia jedności z duszą. W tym celu musimy połączyć je ze świadomością.

Jak pamiętacie z pierwszej książki, świadomość czerpie siłę z dwóch strumieni energetycznych: kosmicznego i ziemskiego. Strumienie te tworzą nasze ciało eteryczne. Aby przygotować ciało eteryczne do ponownego zjednoczenia się z duszą, powinniśmy rozgałęzić świadomość, tzn. rozprzestrzenić ją na całe nasze ciało eteryczne, sprawić, by stało się pojemne w dosłownym tego słowa znaczeniu – szerokie, silne i potężne, wypełnić świadomością całe ciało eteryczne.

W tym celu powinniście nauczyć się koncentrować świadomość na skrajnych czakrach ciała eterycznego. Dzięki temu otrzymacie energię dla świadomości bezpośrednio z tych czakr: dolnej – Muladhary i górnej – Sahasrary. W ten sposób świadomość wypełni się energią, stanie się silna i potężna, ciało eteryczne, a wraz z nim fizyczne będzie w pełni uświadomione i rozumne, ponieważ energetyczne źródła świadomości i ciała eterycznego będą tworzyć jedność. Będziecie mogli przy tym świadomie kierować wszystkimi innymi wewnętrznymi czakrami – do tego stopnia, że mogą stać się zmienne, niestałe oraz mogą pojawiać się lub znikać na wasze życzenie.

Takie połączenie ciała eterycznego i świadomości daje dostęp do bezgranicznej siły i gigantycznej energii, która sprawi, że wasza świadomość będzie wszechpotężna.

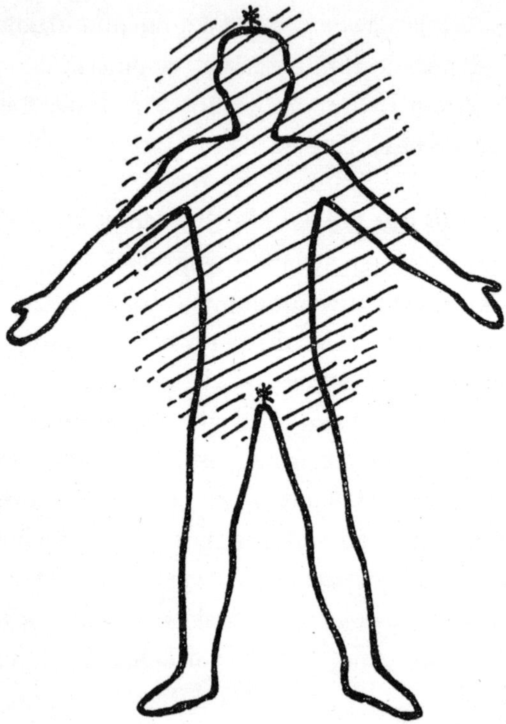

Rys. 17. Jedyne, co jest potrzebne ciału eterycznemu – to stabilne podłączenie się do wiecznego źródła energii istnienia

• ***System nawyków DEIR*** Stopień 4.

Krok 3. Zjednoczenie świadomości, ciała eterycznego i duszy

Silne i wypełnione świadomością ciało eteryczne jest w pełni gotowe do ponownego połączenia się z duszą. Ostatni, trzeci krok gwarantuje połączenie wszystkich tych trzech składników istoty ludzkiej. Korzystne zmiany, które dzięki temu powstały, pozostają już na zawsze.

Z pewnością słyszeliście już kiedyś wyrażenie „uduchowione ciało". W taki sposób często mówi się o aktorach, mistrzach pantomimy i baletu obdarzonych talentem przez naturę. O ciele większości ludzi nic takiego nie można powiedzieć. Takie ciało działa jak bezduszny automat, absolutnie nieświadomie, w oderwaniu od duszy. Gdy opanujecie trzeci krok poziomu, który jest właśnie przed wami, otrzymacie znacznie więcej niż uduchowione ciało i znacznie więcej, niż posiadają niezwykle utalentowani twórcy. Otrzymacie uduchowioną świadomość połączoną w jedną całość z uduchowionym ciałem. W rezultacie wasze ciało zacznie żyć i działać w jedności z duszą i wedle jej praw. Nie będzie już rozdźwięku między duszą a ciałem, na który wielu się uskarża. Dusza dosłownie będzie jaśnieć przez komórki waszego ciała. I ta dusza świadoma siebie zacznie sama

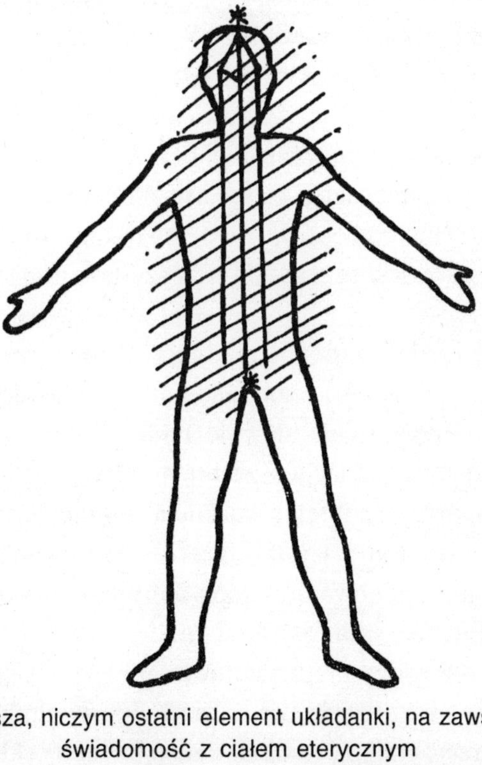

Rys. 18. Dusza, niczym ostatni element układanki, na zawsze już łączy świadomość z ciałem eterycznym

prowadzić was przez życie najbardziej pomyślnymi drogami, zacznie strzec was przed nieprzyjemnościami, będzie podpowiadać, jak najlepiej postępować w określonej sytuacji. Ciało będzie posłuszne duszy, nauczy się „słuchać" jej podpowiedzi i działać zgodnie z nimi.

Zwykle tego typu zdolności są nazywane rozwiniętą intuicją, a ich pojawienie się tłumaczone jest darem natury. A teraz wy sami, z własnej woli możecie mieć bezpośredni dostęp do źródła intuicyjnych danych. Wasza intuicja będzie bardzo czuła i nigdy was nie zawiedzie. W waszym życiu nie będzie już więcej problemów związanych z wyborem, dokąd iść i jak postąpić. Wszystko to będziecie wiedzieć bardzo dokładnie dzięki podpowiedzi „z góry". Powiem więcej: wasze ciało samo pójdzie tam, gdzie trzeba, nogi same poniosą was w pożądanym kierunku. W taki sam sposób będziecie otrzymywać odpowiedź na dowolne pytanie. Droga, którą będziecie kroczyć, okaże się zawsze prawidłowa, tak samo jak wasze postępowanie. Wszystko to uda wam się bez konieczności stosowania metod opisanych w drugiej części książki serii DEIR: „Kształtowanie", a określających prawdziwe pragnienia oraz formowanie zamierzeń. Całkowicie przeskoczycie wszystkie poprzednie stopnie systemu DEIR.

Zatem przed nami praca nad zjednoczeniem duszy, świadomości i ciała eterycznego – praca rozłożona na trzy, omówione w tym rozdziale, etapy. Przygotujcie się: nie będzie łatwo, bowiem praca będzie wymagać mobilizacji wszystkich sił organizmu oraz nastawienia na najbardziej subtelne odczucia. Jednak rezultat wart jest wysiłku. Przejdzie on wszystkie wasze oczekiwania. Nie bójcie się trudności: po opanowaniu trzech pierwszych stopni DEIR niewątpliwie poradzicie sobie z czwartym.

Natomiast dla osoby nieprzygotowanej będzie to znacznie trudniejsze. Dlatego raz jeszcze zwracam się do czytelników, którzy do tej pory nie przeczytali pierwszych trzech książek cyklu („Wyzwolenie", „Kształtowanie", „Oddziaływanie"), jeśli oczywiście są jeszcze tacy czytelnicy. Nie leńcie się, przeczytajcie poprzednie części, teraz, od razu, nie odkładajcie tego. Bez opanowania zawartego tam materiału dalsze czytanie tej książki nie ma sensu, nie przyniesie korzyści. Jeśli powstaną trudności, zawsze możemy wam pomóc.

Doświadczenie podpowiada nam, że wiele kwestii poruszanych w systemie DEIR można przyswoić tylko na kursach, dzięki bezpośrednim relacjom nauczyciel – uczeń. Kursy szkoły DEIR odbywają się w Moskwie, Petersburgu, Rostowie. Prowadzą je specjaliści, którymi kieruje mój uczeń, Kiryłł Walentynowicz Titow. Możecie skontaktować się z nim telefonicznie:

(812) 2191245,

ewentualnie pisząc na adres:

СПб, 198103,

Лермонтовский пр., 44/46, а/я 123

lub poprzez wydawnictwo. DEIR – to droga samodzielnego postępu, jeśli jednak pomoc będzie wam potrzebna, zawsze jej wam udzielimy.

Przed nami zadanie: uduchowienie świadomości, uświadomienie duszy oraz połączenie w jedno duszy, świadomości i ciała. Rezultat pracy: otwarcie źródła twórczości, siły i intuicji. Źródła nie można odkryć ot, tak od niechcenia. Do tego potrzeba solidnego przygotowania – ogromnej pracy, którą, jestem pewien, większość naszych czytelników ma już za sobą.

ROZDZIAŁ 4.

UŚWIADOMIENIE DUSZY. UDUCHOWIENIE ŚWIADOMOŚCI

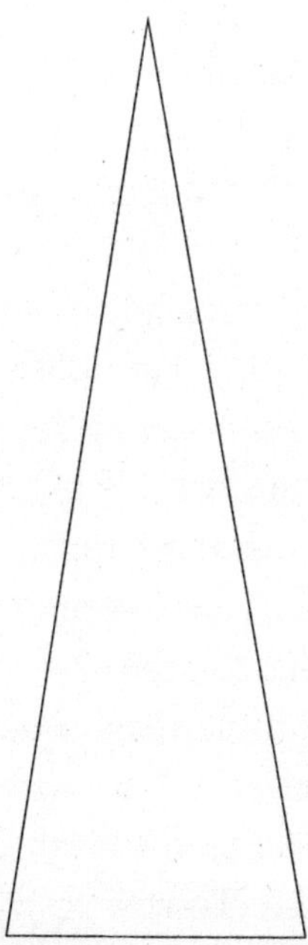

Odczucie duszy kluczem do życia i twórczości

Żeby uświadomić duszę, należy przede wszystkim tę duszę w sobie odkryć. Gdzie się znajduje? Gdzie właściwie jest? Czy kiedyś zastanawialiście się nad tym? Czy odczuwaliście bezpośrednio swoją duszę? Jeszcze nie? Zatem przygotujcie się: czekają na was całkowicie nowe, niewysłowione wrażenia – odczucia bardzo przyjemne.

Teraz odszukamy w sobie duszę – strukturę kruchą i efemeryczną.

Żeby wyodrębnić duszę, nazwijmy to – w czystej postaci, musimy na jakiś czas odsunąć na bok świadomość. Nie denerwujcie się, nie grozi wam omdlenie ani zanik czynności życiowych. Stanie się coś odwrotnego – poczujecie się żywi jak nigdy dotąd. Wszystko co powinniście zrobić – to po prostu odgraniczyć świadomość od waszej prawdziwej istoty i zaobserwować rezultat – co pozostanie.

Wyjaśnialiśmy już, że nasze prawdziwe „ja" nie ogranicza się do charakteru i temperamentu, nastroju i uczuć, intelektu i doświadczenia życiowego. Prawdziwe „ja" nie jest tym, co nazywamy osobowością i świadomością. Jest to coś bardziej głębokiego i pojemnego, obejmującego wszystko. To coś, co wychodzi poza granice naszej osobowości. Ten fakt nie dziwi – nasze prawdziwe „ja" bardzo

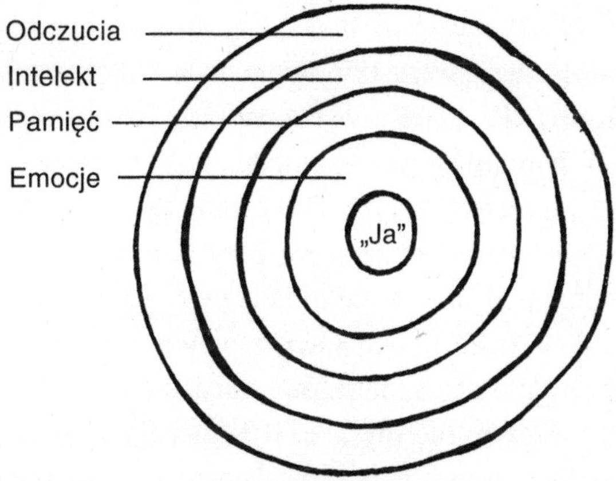

Rys. 19. Istota ludzka, niczym perła, składa się z wielu niepowtarzalnych warstw. Pośrodku znajduje się cząstka łącząca wszystkie warstwy – podobnie w środku perły leży ziarenko piasku z piasków matki Ziemi

ściśle wiąże się z duszą, a dusza jest przecież częścią jednolitej światowej duszy, która na razie nie należy do nas osobiście, jako do konkretnej osobowości i indywidualności.

Żeby odczuć swoją duszę, należy przypomnieć sobie odczucie naszego prawdziwego „ja" – będzie to bazowe odczucie, z którym pracowaliśmy w trzeciej książce, i które biorąc pod uwagę jego ważność, nazwaliśmy odczuciem „ja jestem". Teraz też będziemy posługiwać się tym pojęciem.

• *System nawyków DEIR* Stopień 4.

Krok 1a. Osiągnięcie podstawowego odczucia „ja jestem"

Wybierzcie czas i miejsce, w którym nikt nie zakłóci wam spokoju gdzieś w ciągu godziny. Przyjmijcie najwygodniejszą pozycję – siedząc lub leżąc. Zamknijcie oczy i rozluźnijcie się. Sprawdźcie dobrze, czy w ciele nie ma już żadnych napięć.

Wiecie już, że wy – to nie wasze myśli. Czy znikniecie, przestaniecie istnieć, jeśli wyłączycie wszystkie swoje myśli? Z pewnością nie. Zatem spróbujmy. Po prostu wyprowadźcie swoje myśli poza granice percepcji. Najłatwiej to osiągniecie, gdy skupicie się na jakimś obrazie. Wyobraźcie sobie np. siebie wiosną w lesie. O niczym nie myślicie, po prostu rozkoszujecie się przyrodą, uważnie przypatrujecie się zaczynającej się już zielenić trawie, wdychacie zapach drzew, ich kleistych listków, słuchacie śpiewu ptaków. Nie ma myśli, pozostały jedynie uczucia. Są one bardzo przyjemne. Napawajcie się nimi i o niczym nie myślcie. Rozkoszujcie się tak długo, jak chcecie. Zwróćcie uwagę, że nawet odsuwając myśli, nie tracicie odczucia: to ja.

Czy zachwyciliście się już do syta? Usuńcie więc teraz obraz wiosennego lasu, zetrzyjcie go z ekranu wyobraźni. Wróćcie do realności, ale nie otwierajcie oczu ani nie uwalniajcie myśli. Przed chwilą doświadczyliście najprzyjemniejszych emocji. Teraz musicie oddzielić je od siebie, wyrzucić – tak samo jak wyrzuciliście myśli. Po prostu uwolnijcie się od nich.

Wyobraźcie sobie, że uczucia, których doświadczyliście, wyprowadzacie na powierzchnię waszej istoty, że stają się one niczym suche łupiny cebuli. A teraz zrzućcie te łupiny, po prostu uwolnijcie je z siebie, nie trzymajcie się ich. Odlecą, a pozostanie tylko oczyszczony rdzeń – wasze prawdziwe „ja".

Zgadzacie się ze mną, że to niepowtarzalne odczucie? Wewnętrzna pustka i zupełny spokój, uwolnienie, odosobnienie, oczyszczenie, wyzwolenie – i jednocześnie wyraźne odczucie: „Ja jestem"! Samo „ja" jakby się poszerzyło, wydaje się, że chce wypełnić cały świat.

Oto odczucie najbliższe odczuwaniu duszy.

To bazowe, wyjściowe, podstawowe odczucie. Musicie je zapamiętać. Teraz nie tracąc go, idźmy dalej. Zwróćcie uwagę, że odczucie, którego doświadczyliście, nie jest czymś nieruchomym, skamieniałym, zastygłym. Nie ma tam uczuć, nie ma myśli, a jednak jest życie. Powiem więcej: jeśli przyjrzeć się dokładniej, można zauważyć, że nie ma tam pustki. Odczucie „ja jestem" – to jakby zlepek, zdjęcie całej waszej istoty, natychmiastowy odcisk czy odbicie tego, czym jesteście i gdzie jesteście.

Spróbujcie teraz określić, gdzie w waszym ciele ulokowane jest to odczucie. Zazwyczaj powstaje gdzieś w środku głowy, dlatego jest jeszcze jeden sposób na to, by poczuć bazowe odczucie swojego prawdziwego „ja". Trzeba wyobrazić sobie, że głowa – to cebula, o której wspominaliśmy, a z której kolejno zdejmujecie – najpierw łuski obrazów, potem – myśli, potem – wspomnień, a potem – emocji.

Teraz przechodzimy do najważniejszego momentu – do przywrócenia jedności ciała i duszy.

• ***System nawyków DEIR*** Stopień 4.

Krok 1b. Świadome przemieszczanie odczucia „ja jestem"

Nie traćcie bazowego odczucia. Nasza świadomość dalej jest niczym łuska cebuli, odrzucona gdzieś na bok – nie wpuszczajcie jej z powrotem, niech zostanie niemym obserwatorem. Niech stoi sobie gdzieś z boku i spokojnie patrzy w milczeniu.

Przed wami następujące zadanie: nauczyć się przenosić, przemieszczać odczucie „ja jestem". Wiecie już, że koncentruje się w centrum głowy, ale w żadnym razie nie jest nieruchome czy skamieniałe. Postarajcie się powoli i stopniowo przesunąć to odczucie – ze środka głowy przenieść je około dwudziestu centymetrów pionowo w górę.

Czy udało wam się to zrobić? Poczujcie, jak zmieniły się wasze doznania. Wydaje się, jakbyście odeszli od siebie, jakbyście przebywali jednocześnie w swoim ciele i poza nim.

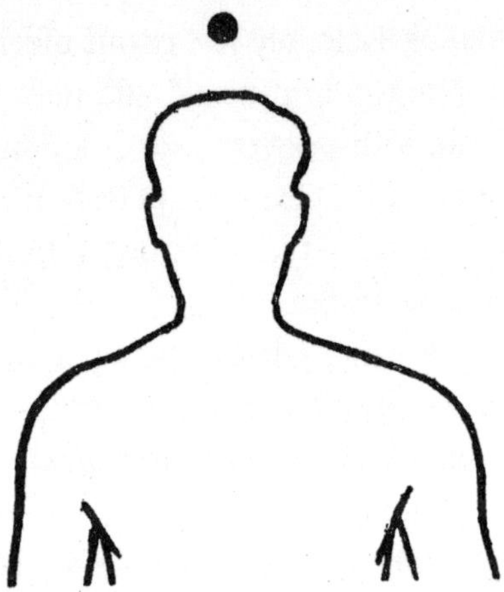

Rys. 20. Wystarczy przesunąć uczucie „ja jestem" poza granicę ciała fizycznego, żeby odczuć strumień nowych obrazów

Teraz uwaga: to jest właśnie ten stan, w którym znajduje się człowiek twórczy w chwili natchnienia. Co się wtedy dzieje? Świadomość, uwolniona od myśli i uczuć, nagle wypełnia się obrazami przychodzącymi jakby z zewnątrz, nie z własnej głowy. Przy przesunięciu w górę i nieco do tyłu powstają zwykle obrazy wzrokowe – wykorzystują to malarze, graficy, rzeźbiarze i architekci (takie przesunięcie naturalnie zachodzi u nich nieświadomie, w odróżnieniu od nas). Przy przesunięciu w górę w lewo, o jakieś trzydzieści stopni, pojawiają się obrazy słowne, często wierszowane. Przy przesunięciu w górę w prawo do przodu – obrazy ruchu istotne dla tancerzy, choreografów, reżyserów.

Oczywiście nie oczekujcie, że już za pierwszym razem obrazy te po prostu spłyną na was i od razu chwycicie za pióro, pędzel czy dłuto. Do tych odczuć należy się przyzwyczajać, trzeba je świadomie trenować i kultywować. Jednak już po pierwszej próbie możecie odczuć jakieś przebłyski obrazów, doświadczyć stanu podobnego do natchnienia.

Teraz spróbujcie przesunąć odczucie „ja jestem" w przeciwnym kierunku – od środka głowy w dół. Jeśli przemieścicie je w dół i do tyłu i usytuujecie za swoimi plecami, nie bądźcie zdziwieni, gdy znajdziecie się w swojej przeszłości. Mogą na was spaść niezwykle wyraziste wspomnienia. Zachodzi wtedy bardzo wyraźne zrozumienie swojej drogi życiowej, uświadomienie sobie swego miejsca w przestrzeni i czasie życia.

Wróćcie teraz do swego zwykłego stanu. Umieśćcie odczucie „ja jestem" w środku głowy i pozwólcie, by wróciły zwykłe myśli oraz uczucia. Otwórzcie oczy. Popatrzcie uważnie na swoje ręce i nogi. Czy wszystko jest na swoim miejscu? Wspaniale. Rozejrzyjcie się wokół, po pokoju i uświadomcie sobie: jesteście tu w zwykłym miejscu, w danym momencie czasu i danym punkcie przestrzeni. Jesteście wciąż tym samym człowiekiem, ale teraz – człowiekiem bogatszym o nowe doświadczenie.

Przyjmijcie gratulacje: zrobiliście kawał dobrej roboty i tym samym wykonaliście jeszcze jeden jakościowy skok w swoim rozwoju. Właśnie nauczyliście się świadomie przemieszczać świadomość po matrycy swojej duszy. A to oznacza, że już zaczęliście opanowanie procesu zjednoczenia duszy z ciałem.

Teraz gdy znów powróciły do was myśli i uczucia, dokładnie przeanalizujemy to, co się wydarzyło.

Rozumiecie już, że świadomość – to konstrukcja złożona. Zawiera mnóstwo składników: emocje, logikę, całokształt obrazów wzrokowych i słuchowych, sygnałów czuciowych, smakowych, węchowych oraz tych, które wiążą się ze zmysłem równowagi, konstrukcji słownych i myślowych itd. Nie będziemy teraz zastanawiać się nad tym, jak to wszystko działa z fizjologicznego punktu widzenia, tzn. jak powstają impulsy nerwowe, jak dochodzą do mózgu, gdzie analizowane są otrzymane informacje. Dla nas ważne jest zrozumienie i odczucie świadomości od wewnątrz. To jedyny sposób, by naprawdę pojąć własną świadomość.

Świadomość – to całokształt mnóstwa oddzielnych komponentów, wewnętrznych odczuć i zewnętrznych sygnałów. Jednak wszystkie te sygnały byłyby tylko pozbawionym sensu zestawem oderwanych od siebie odczuć i obrazów, gdyby nie pewien ważny aspekt. Rzecz w tym, że wszystkie te oderwane od siebie składniki świadomości mają właściwość przecinania się, ogniskowania się w samym centrum istoty ludzkiej. To centrum określamy za pomocą bazowego odczucia „ja jestem". Właśnie tam, w centrum prawdziwego „ja" integrują się wszystkie sygnały świadomości, otrzymując sens i ważność. Bez takiego zogniskowania nasza świadomość i wszystko to, co jest jej treścią, całkowicie straciłoby sens!

Podam prosty przykład. Weźmy dowolny wers jakiegoś wiersza, np.: „Wyniosłe wyżyny / W mrokach nocy giną".[1]

Rozłóżmy go teraz na poszczególne słowa. Każde z tych słów ma określone, konkretne znaczenie. Jeśli analizowalibyśmy je z logicznego punktu widzenia, doszlibyśmy do absurdu, przecież góry nie śpią – nie są żywe! Jednak pomyślcie: połączone w wers wiersza zyskują zupełnie inny sens, niż wynikałoby to ze zwykłego całokształtu znaczeń oddzielnych słów. Przecież wers zawiera nie tylko pewną informację słowną – ma także znaczenie leżące poza granicą słów. Wers tworzy nastrój emocjonalny, dzięki niemu przed oczami powstaje konkretny obraz. U czytelnika powstaje określony stan – wers wzbudza jakieś uczucia, przeżycia, tworzy asocjacje, może nawet wspomnienia. A przecież wszystko to w żaden sposób nie wypływa z treści oddzielnych słów, z których składa się wiersz. Na przekór wszystkim prawom matematyki znaczenia wersu nie są tożsame z sumą znaczeń składających się na niego słów.

[1] Fragment wiersza M. Lermontowa, „Z Goethego", w tłumaczeniu Alberta Korczaka-Komorowskiego. Dla zrozumienia sensu wypowiedzi warto przytoczyć dosłowny przekład: „Górskie szczyty w mroku nocy śpią" (przyp. tłum.).

Ta sama zasada odnosi się do naszej świadomości – świadomość bowiem, mówiąc obrazowo, zawiera tylko zestaw takich oddzielnych słów. Co łączy te słowa w jedną całość, co nadaje im nowy sens? Tak, powoduje to dusza! Gdy czytamy wiersz, nasza świadomość sama, automatycznie (chociaż nie u wszystkich ludzi – o czym jeszcze będzie mowa) przemieszcza się do centrum naszego prawdziwego „ja", zlewa się z bazowym odczuciem „ja jestem" i zaczyna przesuwać się po matrycy duszy, a dusza umożliwia zebranie się w świadomości określonych znaczeń, które – zauważcie – są indywidualne dla każdego człowieka. Przecież nawet obrazy wywołane tą samą zwrotką – o górskich szczytach – u różnych ludzi będą różne. Jedni zobaczą góry w odcieniu granatowym, inni – we fiolecie, jedni wyobrażą je sobie jako wysokie i skaliste, drudzy – łagodne i zalesione itd.

To właśnie dusza tworzy tę indywidualną dla każdego człowieka integrację i ogniskuje pojedyncze oderwane słowa, nadając im nowy sens i ważność. Dusza syntetyzuje z pojedynczych, oddzielnych słów jakościowo nowy sens. Można powiedzieć, że dusza napełnia życiem oddzielne oderwane słowa. Właśnie tak samo dusza powinna ożywić i uduchowić naszą świadomość, nadając sens oddzielnym obrazom, sygnałom i odczuciom, które są jej treścią.

Wróćmy jeszcze do wierszy. Doskonale wiecie, że jest wielu ludzi zupełnie nieczułych na poezję. Dlaczego? Ponieważ dusza i świadomość istnieją u nich oddzielnie, nie łączą się nawet pod wpływem poezji. Dla takich ludzi nawet najwspanialsze wiersze nie mają sensu, są tylko bezmyślnym zestawem słów, który im o niczym nie mówi.

Nawet u tych, którzy czują poezję, rozumieją ją, świadomość przesuwa się po matrycy duszy tylko na krótką chwilę – w czasie gdy czytają wiersze i pozostają pod ich wrażeniem. Potem „szczęśliwy związek" duszy i świadomości znów zostaje zerwany i człowiek kontynuuje swoje na wpół senne, codzienne zwykłe życie. Nasze zadanie polega na tym, żeby proces złączenia się duszy i świadomości był w pełni świadomy i kontrolowany, żeby nie zależał od przypadku, żeby stan ten był stały, a nasze postrzeganie życia takie radosne, twórcze, sensowne, jak wrażenia po przeczytaniu pięknego wiersza.

Zatem osiągnęliśmy już to, do czego dążyliśmy – odczuliśmy duszę. Odczuliśmy także to, jak dusza wiąże się z pracą świadomości.

Mówiliśmy dotąd, że dusza jest matrycą. Teraz wyobraźcie sobie bardziej konkretny obraz: matryca jest hologramem. Odbija i zapisuje w sobie wszystkie stany naszej świadomości. Dodatkowo jeszcze oczyszcza i porządkuje te stany.

Dusza pojedynczego człowieka jest częścią światowej duszy, istnieje według jej praw. To właśnie dusza pozwala człowiekowi odczuć istnienie Boga, zrozumieć wyższe prawa rządzące światem, poczuć uporządkowanie, harmonię i uduchowienie otaczającego świata.

To właśnie dusza umożliwia człowiekowi przejście procesu reinkarnacji – powrót do obrazów przeszłych żyć. Świadomość przy tym porusza się w głąb po holograficznej matrycy, dzięki czemu są odtwarzane obrazy dalekiej przeszłości. Jednakże jak już mówiliśmy, nie jest to coś, co nazywamy pamięcią, ponieważ sama dusza pamięci nie posiada – to tylko odczytywanie zapisu z odbić. Dlatego interpretacja obrazów powstałych w ten sposób zależy już od sumienia każdego człowieka – a tu łatwo o pomyłkę i stąd pojawia się wiele „reinkarnacji" znanych osób.

Dusza może wychwytywać obrazy nie tylko przeszłości, ale także przyszłości. Na tym opiera się zjawisko jasnowidzenia. Matryca duszy może dostrajać się do przyszłości – dzieje się to według takiego samego schematu, według którego jest zbudowany nasz świat – przecież dusza istnieje według jego praw, ona i te prawa są jednolite. Dzięki temu dusza może uchwycić fragmentaryczne obrazy, słowa, odczucia odbijające przebłyski przeszłości.

Fenomen twórczości oparty jest właśnie na właściwości duszy do wychwytywania obrazów. Człowiek twórczy bierze obrazy z zewnątrz – z przeszłości, teraźniejszości, przyszłości, ze światowej duszy. Im bardziej wyraźnie je postrzega, syntetyzuje je i nadaje im sens, tym bardziej genialnym twórcą się staje. Nieprzypadkowo istnieje tak niewielu geniuszy. Wiecie już, że u zwykłych ludzi świadomość zwraca się ku duszy bardzo rzadko. W świadomości zwykłego człowieka prym wiedzie logika. Dusza przy tym w sposób nieunikniony jest odsuwana na bok. Dusza łączy obrazy i odczucia, ujednolica je, nadaje im nowy sens i znaczenie (na tym zresztą polega proces postrzegania dzieł sztuki i twórczości w ogóle), natomiast logika działa odwrotnie – wszystko rozkłada na czynniki pierwsze.

Funkcja logicznego umysłu polega na rozkładaniu i analizowaniu. Funkcja duszy – to łączenie i synteza. Istotny jest fakt, że człowiek czuje się szczęśliwy tylko w procesie łączenia i syntezy. Oczywiście, nie znaczy to, że analiza jest zupełnie niepotrzebna. Czasami jest ona wręcz niezbędna – jednak każda analiza ma sens wtedy, gdy jest krokiem do syntezy, a nie celem samym w sobie.

Jeśli ludźmi w pełni rządzi logika, większość z nich nie zaznaje nigdy szczęścia syntezy, połączenia, a zatem także szczęścia tworzenia. W rezultacie stale odnoszą wrażenie, że świat wokół nich ulegnie zagładzie, rozpadnie się – i tracą grunt pod nogami. Taka sytuacja nie dziwi. Przecież ich dusza jest tak słaba, nierozwinięta, że nie jest w stanie odczuć twórczej siły światowej duszy, nie może zobaczyć całokształtu, jedności, harmonii i piękna świata.

Przewidzieć przyszłość? Oczywiście!

W jaki sposób sprawić, by harmonijne połączenie świadomości i duszy było stałe, co zrobić, by trwało nieustannie? O tym mówi następny krok czwartego stopnia.

- ***System nawyków DEIR*** Stopień 4.

Krok 1c. Przemieszczenie świadomości w przeszłość i w przyszłość

Czytelnicy, którzy opanowali poprzednie stopnie DEIR, świetnie znają pojęcie „stan wzorcowy". Poświęciliśmy wiele czasu na jego wyjaśnienie, na metody wejścia w ten stan, przebywania w nim i wykorzystania go w różnych celach. Wszyscy, którzy sumiennie i rzetelnie przeszli poprzednie stopnie DEIR, samodzielnie lub na kursach, mają już wypracowany stan wzorcowy oraz wprawę we wchodzeniu w ten stan bez przeszkód w dowolnym momencie.

Teraz przed wami to samo zadanie: wejście w stan wzorcowy. Jestem pewien, że osiągniecie to z łatwością. Zanim jednak tak uczynicie, dodam do tego jeden uzupełniający warunek. Tym razem waszemu wejściu w stan wzorcowy powinno towarzyszyć wyraźne odczucie, że wchodzicie w jakiś moment swojej przeszłości. Innymi słowy ten wzorcowy stan, w który teraz wchodzicie, powinien wiązać się z jakąś sytuacją z przeszłości i bezpośrednio odnosić się tylko do tej przeszłości.

To nie będzie trudne. Uczyliście się, by podczas wejścia w stan wzorcowy wspominać określony moment z przeszłości, który odpowiadał temu właśnie stanowi. Czy pamiętacie, jak mówiliśmy wtedy, że w życiu każdego człowieka, nawet najbardziej nieszczęśliwego, zawsze można znaleźć chociaż jeden taki moment? Wtedy wracaliście do tej szczęśliwej przeszłości. Teraz znów trzeba to zrobić. Wcześniej należy tylko nastawić się na pracę tak samo, jak to robiliście w poprzednim kroku – usadowić się wygodnie, odprężyć, wyłączyć telefon, zatroszczyć się o to, by was nikt nie niepokoił, zamknąć oczy.

Jak to było w stanie wzorcowym? To powrót do stanu, którego już doświadczyliście i który teraz możecie sobie przypomnieć (ten stan realnie już był, nie ma w nim wielu ludzi, wy macie dobry nastrój i samopoczucie, nie istnieją żadne negatywne przeczucia). Każdy ma swój niepowtarzalny stan wzorcowy. Może mu odpowiadać np. taki obrazek: morze, słońce, plaża. Wzorcowe emocje i odczucia: radość, ciepło, poczucie siły, rześkość. Wzorcowe zamiary: przedsmak kąpieli w ciepłym morzu. Dla każdego stan wzorcowy jest sprawą osobistą. Jeden człowiek może go wiązać z wiosennym piknikiem w lesie, inny – z chodzeniem po sklepach w poszukiwaniu nowego futra. Istotne jest, żebyście w takiej chwili czuli się dobrze pod każdym względem. Powróćcie zatem do tego szczęśliwego momentu, nie tracąc poczucia, że wracacie do przeszłości. Pod żadnym pozorem nie ulegajcie przy tym nostalgii, w przeciwnym razie niechcący przeniesiecie ten stan do teraźniejszości, ponieważ zechcecie, by teraz też się powtórzył. Wspominajcie spokojnie, z radością.

Zatem przemieściliście się do pięknej chwili naszej przeszłości, a teraz, nie wychodząc z tej przeszłości i ze stanu wzorcowego, oczyśćcie swoją świadomość ze zbędnej „łupiny" myśli i uczuć, jak to już robiliście w kroku 1b. Osiągnęliście odczucie „ja jestem". Teraz, zachowując ten stan, powoli przemieszczajcie odczucie „ja jestem" w górę i umieśćcie je tuż nad głową. Zapamiętajcie: jesteście w przeszłości. A teraz, gdy odczucie „ja jestem" znajduje się już nad głową, skoncentrujcie się: jakie fragmenty myśli, obrazów przesunęły się przed waszym wewnętrznym wzrokiem? Coś znajomego aż do bólu, czyż nie tak? Zdradzę wam pewien sekret: to, co widzicie i odczuwacie, nie jest niczym innym tylko obrazami odnoszącymi się do waszego dzisiejszego dnia. Jakieś fragmenty zdań, twarze, obrazy... Wszystko to pochodzi wprost z teraźniejszości. Widzicie to jednak jakby przez mgłę, jakbyście patrzyli na to z boku. Dlaczego? Po prostu widzicie chwilę obecną, ale przecież patrzycie na nią z przeszłości!

A teraz przemieśćcie odczucie „ja jestem" na poprzednie miejsce w centrum głowy, pozostając wciąż w swoim przeszłym stanie wzorcowym. Powtórzcie ćwiczenie jeszcze raz, żeby upewnić się co do autentyczności swych odczuć. Znowu przesuńcie w górę bazowe odczucie, znów spójrzcie na teraźniejszość z przeszłości....

Teraz nieco utrudnimy zadanie. Niech centrum świadomości „ja jestem" znowu znajdzie się w środku głowy. Wciąż pozostawajcie w swoim wzorcowym stanie przeszłości. Wasze zadanie będzie polegało na powolnym przeprowadzeniu tego odczucia z przeszłości do teraźniejszości. W tym celu możecie sobie wyobrazić, że idziecie po korytarzu czasu, poczynając od chwili, która jest waszym stanem wzorcowym, w kierunku do chwili obecnej. Na ścianach korytarza widzicie wciąż zmieniające się obrazy, sytuacje, twarze, wnętrza, pejzaże. Wszystkie obrazy – to etapy życia, które przeszliście od chwili waszego stanu wzorcowego.

Idźcie powoli i odczuwajcie, jak zmienia się wasz stan wewnętrzny. Przecież w ciągu tego czasu w jakiś sposób zmieniał się wasz światopogląd, doznawaliście pewnych uczuć, jedne pragnienia znikały, pojawiały się inne, o jeszcze innych zapominaliście – wiele wydarzyło się w waszym życiu. Nie musicie wytężać wszystkich sił, by przypomnieć sobie wszystko i jeszcze raz to przeżyć – to absolutnie nie jest potrzebne. Przechodźcie „korytarzem czasu" powoli i bądźcie przy tym zrelaksowani. Wszystkie zmiany na swojej drodze będziecie obserwować jakby z boku, odczujecie wyraźnie i jasno, jak w mózgu same z siebie wypływają zdarzenia, twarze, zdania, nastroje, uczucia – wszystko to, co towarzyszyło danemu etapowi waszego życia. Możliwe, że doznacie jakiegoś olśnienia – nagle na nowo spojrzycie na przebytą drogę i uświadomicie sobie jej ukryte znaczenie. Zrozumiecie sens przeszłych zdarzeń, dojrzycie prawdziwą drogę, którą kroczy wasza dusza, możliwe także, że poznacie swoją rolę i przeznaczenie w danym wcieleniu.

Jeśli nie doznamy tego od razu, nie denerwujmy się, te wrażenia pojawią się, gdy przyjdzie ich czas. Najważniejsze, że jesteście na dobrej drodze. Na razie dziękujcie za to, co dane wam będzie zrozumieć już teraz – nawet wtedy gdy to coś wyda wam się drobiazgiem. Dla pola energoinformacyjnego nie ma drobiazgów. Każda wiedza, której doświadczycie, jest tak samo ważna i znacząca.

Stopniowo, powoli przyjdziecie do chwili obecnej. Zwróćcie uwagę, że odczucie „ja jestem" samo przemieściło się do środka głowy, choć nic w tym celu nie robiliście oprócz tego, że powoli podążaliście od przeszłości do teraźniejszości.

Jesteście teraz w teraźniejszości, zatem możemy porozmawiać o tym, co właściwie zaszło.

Najpierw z przeszłości przyglądaliście się chwili obecnej. Potem przeszliście z przeszłości do teraźniejszości, spoglądając po nowemu na swoją drogę życiową.

Czy wiecie, że zasługujecie na najszczersze gratulacje? Osiągnęliście to, co dla zwykłego człowieka leży w sferze fantastyki. Dotknęliście prawdziwego sensu tego, co się z wami dzieje w życiu. Oprócz tego zaczęliście trenować mechanizm jasnowidzenia. Tak, tak, nie dziwcie się. Przecież teraźniejszość, jeśli spoglądać na nią z przeszłości, w stosunku do tej przeszłości jest właśnie przyszłością. Znajdując się w stanie wzorcowym, przesunęliście swoją świadomość po matrycy duszy. Ponieważ przesuwaliście je z przeszłości, to przyszłością okazała się teraźniejszość, której fragmenty potrafiliście wychwycić.

Czy teraz zrozumieliście, na czym polega mechanizm jasnowidzenia? Dawniej dar ten był niezwykle rzadki, posiadali go tylko prorocy i wyrocznie, wielbieni i poważani przez tysiące, tysiące ludzi. Obecnie nasz świat bardzo się zmienił pod względem jakości i ewolucja wymaga od człowieka tych zdolności, które dawniej były przywilejem jednostek. Właśnie dlatego pole energoinformacyjne pozwala ludzkości otrzymać dziś taką wiedzę, która pomoże rozwinąć te zdolności. Człowiek nowego etapu ewolucji powinien być wizjonerem, przenikliwym, odkrywczym mężem opatrznościowym. Ten, kto nie nadąży w rozwoju i nie posiądzie mechanizmu jasnowidzenia oraz innych cech niezbędnych człowiekowi przyszłości, nie przeżyje w trzecim tysiącleciu.

Właśnie w takim celu powstają te książki – nie po to, by zabawić czytelnika nową informacją, ale dać mu nową wiedzę i praktyczne nawyki, wprawę, pomóc mu posiąść nowe cechy niezbędne dla człowieka trzeciego tysiąclecia, a w rezultacie pomóc przeżyć i jemu, i jego potomkom, by życie przy tym było naprawdę pełnowartościowe i godne człowieka.

Wiecie już, na czym polega istota mechanizmu jasnowidzenia. Gdy nauczycie się spoglądać z przyszłości do teraźniejszości, bez trudu będziecie też umieli patrzeć z teraźniejszości w przyszłość. Zasada jest taka sama.

Zamknijcie oczy i zrelaksujcie się. Oczyśćcie swoje prawdziwe „ja" z myśli i uczuć. Wejdźcie w stan całkowitego spokoju.

Teraz powoli przemieszczajcie odczucie „ja jestem" pionowo do góry. W głowie wolnej od warstw świadomości powstają jakieś rozmyte obrazy, a nawet fragmenty rozmów.

Nie zobaczycie oczywiście jednolitego obrazu, na którym wszystko byłoby ze sobą powiązane. Dojrzycie tylko pojedyncze, osobne odłamki, cząstki mozaiki, które potem, jeśli zapragniecie, dzięki wyobraźni możecie połączyć w jedną całość. Pamiętajcie, że zawsze mogą pojawić się błędy w interpretacji tych fragmentów, dlatego bądźcie ostrożni w przepowiadaniu przyszłości, szczególnie na początku. Jednakże twórczość... Twórczość to właśnie przeczucie przyszłości.

Znów przesuńcie do środka głowy odczucie „ja", a potem kilkakrotnie powtórzcie doświadczenie z zaglądaniem w przeszłość, dopóki odczucie to nie stanie się zupełnie wyraźne i nie wejdzie wam w krew, stając się rutyną. Nie zapominajcie tylko za każdym razem całkowicie powracać do teraźniejszości.

Każdy może zostać twórcą

Podsumujmy teraz naszą wiedzę. Czego się nauczyliście? Nauczyliście się na własne życzenie otwierać źródło twórczości. Teraz nie zwlekajcie, nie odkładajcie sprawy na później, zacznijcie tworzyć. Róbcie to, co najbardziej chcecie robić. Nie obawiajcie się porażki, nie bójcie się, że nie staniecie się drugim Puszkinem czy Ałłą Pugaczową. Na danym etapie najważniejszą dla was kwestią jest doświadczanie radości z tego, co robicie, napawanie się samym procesem twórczym niezależnie od uzyskanego rezultatu. Jeśli potraficie zachować stałe doznanie twórczej radości, wszystko pozostałe się ułoży. Gdy mamy to, co najważniejsze – otwarte źródło twórczości – mistrzostwo i profesjonalizm przestają już być problemem. W końcu to tylko kwestia techniki.

Odchodząc w przeszłość, nauczyliście się przeżywać niezwykle ostre, wyraźne wspomnienia. Nauczyliście się po nowemu postrzegać sens i znaczenie swojej przeszłości, dostrzegliście swą prawdziwą rolę w życiu, prawdziwą drogę swojej duszy. Stało się to możliwe dzięki temu, że umiecie odgrodzić się od warstw świadomości i bezpośrednio postrzegać własną duszę. Dlatego widzicie jej drogę, jej sprawy i zadania na tym świecie.

Nauczyliście się wychwytywać przebłyski przyszłości, a to oznacza, że potraficie nastrajać matrycę swej duszy na przyszłość. Wasza dusza otrzymuje zlepek przyszłości bezpośrednio od duszy świata, gdzie zapisana jest cała przeszłość, teraźniejszość i przyszłość ludzkości. Jeszcze raz przypominam: bądźcie ostrożni w interpretacji. Przecież jest to tylko zlepek, odcisk tego, czego fragmenty zobaczycie, nie jest to wiedza w czystej postaci. To tylko zlepek, nic więcej, zupełnie pozbawiony jakichkolwiek interpretacji. Przy próbie zrozumienia przyszłości postarajcie się niezbyt puszczać wodze wyobraźni, ani tym bardziej nie zagłębiajcie się w logiczne myślenie. W przeciwnym razie ryzykujecie zamianę prawdziwej wiedzy na domysły, które nie mają żadnego związku z realnym życiem. Najlepiej w ogóle jak najmniej wyjaśniać. Czas pokaże, co właściwie zobaczyliście. Jeśli interpretacja przyszłości nie przychodzi do was jakby sama z siebie, z zewnątrz, to sami niczego nie wymyślajcie. Oznacza to, że wiedza o tym, co tak naprawdę oznaczają uchwycone przez was fragmenty przyszłości, jeszcze nie jest dla was dostępna.

Mam nadzieję, że już zrozumieliście – osiągnęliście wspaniałe, wprost zdumiewające rezultaty. Im dłużej będziecie praktykować przytoczone powyżej metody, tym bardziej będziecie o tym przekonani, i tym bardziej będziecie czuć się pewnie.

Początkowo jednak może wam się wydawać, że stan przez was osiągnięty nie jest zbyt stabilny. Na razie nie jesteście jeszcze dość wytrenowani, nie macie wprawy we wchodzeniu w kontakt z przeszłością, przyszłością, ze źródłem twórczości. Musicie jeszcze zbyt długo nastrajać się na ten kontakt – wchodzić w stan wzorcowy, wyłączać świadomość, zdejmując warstwy myśli i uczuć, koncentrować się, by „odsunąć się" od siebie, wejść w stan spokoju i odczuć swoją duszę.

Jest to proces bardzo długi, wymaga wielkiego zaangażowania. Na pewno chcielibyście łatwo i szybko nawiązać łączność z przeszłością, przyszłością czy ze źródłem twórczości. Chcielibyście też zapewne, żeby związek ten był wyraźny i jasny?

Mógłbym oczywiście powiedzieć jedno: należy trenować, trenować i jeszcze raz trenować. To jest rzeczywiście niezbędne. Nastawcie się zatem na treningi – przed tym nie ma ucieczki, są nieodzowne. Jednakże uwzględniając fakt, że rozwijamy się w bardzo szybkim tempie, możemy posłużyć się nadzwyczajną, przyśpieszoną metodą. Obecnie ludzkość ma zbyt mało czasu, żeby przeżyć, nie można tracić całych lat na treningi – dziś to już niemożliwe, po prostu nie wystarczyłoby nam czasu.

Pokażę wam nadzwyczaj efektywną metodę – dzięki jej zastosowaniu nie będziecie musieli trenować latami. Dzięki niej uzyskany przez was rezultat utrwali się i będzie trwał długo. Od razu jednak uprzedzam: tę metodę możecie wykorzystać tylko wtedy, gdy nie macie zamiaru zatrzymywać się w zgłębianiu DEIR, tylko wtedy, gdy jesteście nastawieni na przejście wszystkich pozostałych kroków czwartego stopnia DEIR, które opisałem w tej książce. Dlaczego? Ponieważ ostateczne i pełne zjednoczenie się świadomości i duszy pozwalające wspiąć się na wyżyny twórczości oraz umożliwiające znalezienie się w dowolnym punkcie czasu i przestrzeni możecie osiągnąć dopiero po opanowaniu trzeciego kroku czwartego stopnia.

Chcę was także uprzedzić, że metoda ta działa bardzo silnie, w tym samym momencie, zdecydowanie powoduje poważne zmiany w całej ludzkiej istocie. Nie jest to niebezpieczne, ponieważ zmiany będą korzystne. Przestrzegam jednak przed tą metodą ludzi mających poważne problemy z układem krwionośnym. Muszą ćwiczyć umiarkowanie i ostrożnie. Oni oraz wszyscy zwolennicy stopniowych zmian powinni trenować powoli, sukcesywnie. Następny krok jest przeznaczony dla niecierpliwych, dla tych, którzy pragną otrzymać wszystko – od razu.

• ***System nawyków DEIR*** Stopień 4.

Krok 1d. Przemieszczenie punktu „ja jestem” ze wstrzymaniem oddechu

U podstaw proponowanej metody leży zwykły odruch warunkowy. Możemy go wykorzystać w celu umocnienia nietrwałego na początku związku duszy i świadomości. Uwaga: nie przesadzajcie z używaniem tej metody – dzięki niej można utrwalać związek duszy ze świadomością nie częściej niż dwa – trzy razy na dzień.

Usiądźcie wygodnie. W ramach przygotowania przeprowadźcie znany wam już cykl oczyszczenia świadomości i przemieszczenia punktu „ja jestem” w górę – w kierunku, który wam się najbardziej podoba i który wywołuje najbardziej wyraźne odczucia; dla jednych będzie to w górę i w prawo, dla drugich – w górę do przodu itd. Przećwiczcie ten stan kilkakrotnie, by się do niego przyzwyczaić.

Teraz wróćcie odczucie „ja jestem” do punktu wyjścia w centrum głowy. Znowu oczyśćcie świadomość, ale nigdzie jej nie przemieszczajcie. Oczyściwszy ją, zróbcie głęboki wdech i wstrzymajcie oddech. Nie oddychajcie tak długo, jak tylko możecie. Wstrzymujcie oddech ze wszystkich sił. Gdy stanie się to już niemożliwe, przesuńcie punkt „ja jestem” do przećwiczonego wcześniej obszaru powyżej głowy i wciągnijcie powietrze. Odetchnijcie, odsapnijcie, przesuńcie bazowe odczucie do środka głowy, a potem powtórzcie ćwiczenie dwukrotnie.

Do czego jest nam potrzebne to ćwiczenie, na czym polega jego sens? Już wyjaśniam: odruch oddechowy jest najważniejszym odruchem człowieka. Wstrzymywanie oddechu na siłę to dla organizmu wielki stres. Jeśli zakończenie trudnego do zniesienia wstrzymania oddechu zachodzi jednocześnie z przemieszczeniem punktu „ja jestem” po matrycy duszy, to mózg podświadomie wiąże stan wdechu z takim przemieszczeniem. W ten sposób osiąga się trwalszą integrację świadomości i duszy pozwalającą utrzymywać odczucie głębokiej wewnętrznej jednolitości i jedności, a także stałe uczestniczenie w twórczości. Na kursach DEIR często miały miejsce niesamowite zdarzenia. Rzadko zdarza się taka sytuacja, by rezultat ćwiczeń był zauważalny natychmiast po ich zakończeniu, ale po kilku dniach efekty są widoczne - wygląda to tak, jakby ktoś podmienił uczniów. Nie postrzegają już rzeczywistości w sposób stereotypowy, ich percepcja świata jest świeża, pełna, bezpośrednia. Ludzie znajdują rozwiązania nawet najbardziej zastarzałych problemów.

Dzieje się tak dlatego, że człowiek odchodzi od stereotypowego postrzegania, przestaje myśleć i działać według szablonu, zaczyna żyć w pełnej zgodzie ze swoją duszą. A to oznacza, że każda chwila jego życia jest twórcza. Twórcza percepcja – to żywa, bezpośrednia, radosna percepcja życia, której tak brakuje większości ludzi żyjących według schematów.

Jedna z moich byłych uczennic, Olga Iwanowna, przeżyła tragedię – straciła ukochanego męża. Owdowiała. Długo nie mogła przyjść do siebie i pogodzić się ze swą samotnością. Jej jedyna córka właśnie wyszła za mąż za Amerykanina i wyjechała na stałe do USA. Gdy kobieta zaczęła studiować system DEIR, była nieszczęśliwa, wciąż płakała, wszystkim wokół żaliła się na swoją samotność i mówiła, że nie widzi już dla siebie żadnego wyjścia z sytuacji.

Należy powiedzieć, że w rzeczywistości z każdej sytuacji zawsze jest wyjście, i to nie jedno, a minimum dwa – trzy. Po prostu świadomość, która nie połączyła się z duszą, zarzucona stereotypami i szablonami, nie zauważa ich, chociaż czasami są dosłownie przed naszym nosem. Dzięki metodzie umożliwiającej nauczenie się twórczej percepcji świata świadomość zostaje uwolniona, człowiek dojrzewa i zaczyna dostrzegać rozwiązania swoich problemów.

Tak też się stało z Olgą Iwanowną. Oczywiście przystępując do czwartego stopnia systemu DEIR, była już zupełnie innym człowiekiem – przestała płakać i żalić się, jednak nie potrafiła jeszcze pokonać samotności. A kiedy opanowała czwarty stopień DEIR, dostała list od córki. Córka pisała, że wcześniej nie zapraszała jej do Ameryki, ponieważ była pewna, że się na to nie zgodzi. Jednak teraz mimo wszystko (Olga Iwanowna nie lubiła wyjazdów, rozstań z miejscami, do których przywykła), postanowiła zaprosić matkę – a może się zdecyduje, przyjedzie. I Olga Iwanowna zrozumiała, że jest w pełni gotowa na ten krok, choć wcześniej było to dla niej niewyobrażalne i niemożliwe.

Mamy tu do czynienia z jeszcze jednym wariantem zmiany losu: okazało się, że Olga nie była obojętna sąsiadowi, który też był wdowcem, człowiekiem szanowanym i majętnym. Ów mężczyzna długo nie mógł się zdecydować na wyznanie swych uczuć i zaproponowanie wspólnego życia. Sąsiadka wydawała mu się bardzo niedostępna i był pewien, że go odrzuci, że nawet nie zechce wysłuchać jego oświadczyn. Aż tu nagle (widocznie poczuł, że się zmieniła), sąsiad postanowił otworzyć przed Olgą swoje serce. I kobieta nieoczekiwanie dla samej siebie była gotowa przyjąć jego propozycję.

Teraz wybiera: czy wyjechać do córki do Ameryki, czy wyjść za mąż i pozostać w kraju. A może wyjechać za ocean razem z nowym mężem? Obecnie jest to bardzo atrakcyjna, powabna kobieta, niezmiernie szczęśliwa, czuje się tak, jakby miała skrzydła u ramion, widzi masę nowych możliwości. A jeszcze całkiem niedawno zmieniała się w ponurą staruchę, choć przecież jeszcze nie była stara. Najbardziej interesujące jest to, że wszystkie te możliwości istniały także wcześniej, ona jednak ich nie zauważała, ponieważ nie była gotowa na ich przyjęcie. Wystarczyło, że człowiek inaczej spojrzy na świat, uwolni i uduchowi swoją świadomość, żeby uwidoczniły się ukryte do tej pory możliwości. Olga sama poczuła się kobietą gibką, ruchliwą, odmłodniała, była gotowa wykorzystać szanse, jakie dał jej świat.

Inny słuchacz kursów wykorzystał swoje nowe cechy w inny sposób. Dla rozrywki trenował nowe postrzeganie świata w przepełnionych środkach masowego transportu, w godzinach szczytu. A tam przecież wszyscy reagują na siebie według szablonów i stereotypów. Popchnięto was – to i wy popychacie. Nadepnięto wam na nogę – nakrzyczeliście. Chcą, żebyście się przesunęli – sprzeciwiącie się. Ogólnie rzecz biorąc, jest smutno, ponuro i nudno, żadnej twórczości, żadnego życia – zbiorowisko bezdusznych, rozdrażnionych automatów. W tej sytuacji pojawienie się człowieka żywego, twórczego, niestandardowego wywołuje furorę. Wtedy niektóre automaty ożywają i stają się normalnymi ludźmi.

Zatem ten człowiek (chyba miał na imię Anatolij) nigdy nie powtarzał i nic zawczasu nie wymyślał – wiedział, że jego uduchowiona świadomość i świadoma, żywa dusza zawsze w odpowiedniej chwili podpowiedzą mu niestandardowy wariant zachowania. Oto przykład: popycha go jakaś zła magiera i czeka, by też się zezłościł (przecież tym ludziom trzeba tego, by wszyscy wokół byli tacy jak oni). A on z szarmanckim uśmiechem odwraca się i mówi: „ O, madame, rozumiem, że moja obecność w tym środku transportu bardzo pani przeszkadza, a ponieważ nie jestem godny, by stać koło tak pięknej damy, to zhańbiony wysiądę z tego autobusu na najbliższym przystanku". Magiera zawstydzona, a pasażerowie zgodnie chichoczą.

Gdy wsadzał do autobusu swoją bardzo już starą matkę, ogłosił wszem wobec: „Proszę państwa, to moja mama. Proszę ją lubić i darzyć względami. To bardzo poważany człowiek, dlatego miejcie na uwadze, żeby dojechała na miejsce cała i zdrowa". I oto pół tuzina młodych ludzi wstaje ze swoich miejsc, ustępując staruszce, autobus darzy ją sympatią i uwagą, ludzie troszczą się o nią przez całą drogę.

Rzecz jasna nie oznacza to, że wy też zaczniecie się tak zachowywać. Anatolij lubi w ten sposób bawić się z otaczającym go światem, napawa się swoją grą, w której jest oczywiście element błazenady

– najwidoczniej w taki sposób przejawiają się jego wrodzone zdolności aktorskie. U każdego człowieka w inny sposób przejawia się twórczy stosunek do świata. U was pojawi się na swój sposób – właściwy tylko dla was.

Sami zobaczycie, w jak niestandardowy sposób będziecie się zachowywać w różnych standardowych sytuacjach, jaką radosną twórczością wypełni się wasze życie. W istocie na nowo zaczniecie tworzyć siebie samych i swoje życie. A to jest niezwykłe szczęście i wolność.

Co zaś tyczy się konkretnych rodzajów twórczej działalności, to i tu zdarzają się cuda. Bardzo ciekawa jest obserwacja przebudzenia się źródła twórczości – to kwestia bardzo indywidualna, bardzo osobista, u każdego przebiega inaczej.

Już wiele razy bywało tak, że po opanowaniu kursów DEIR ich uczestnicy zmieniają zawód, zaczynając zajmować się sprawami, które do tej pory w ogóle ich nie interesowały. Wśród moich uczniów jest były milioner – obecnie świetnie zapowiadający się projektant. Jest też dziewczyna – była instruktorka aerobiku, u której do głosu doszedł talent choreograficzny. Stworzyła własny zespół taneczny, który występuje w całym kraju. Jest kobieta w średnim wieku, w przeszłości inżynier, która obecnie maluje na tkaninach – powodzi się jej bardzo dobrze, swoje wyroby sprzedaje zagranicznym turystom.

Bądź pewien, drogi Czytelniku, że takie szczęśliwe zmiany czekają także na Ciebie.

Najpierw jednak należy zrobić następny krok, który polega na całkowitej przebudowie energetyki świadomości – to faza przygotowująca do głębokiego zjednoczenia świadomości, ciała eterycznego i duszy.

ROZDZIAŁ 5.

ROZGAŁĘZIENIE ŚWIADOMOŚCI

Odczucia – energia naszej świadomości

Zatem mamy już za sobą pierwszy krok: zaczęliśmy proces połączenia świadomości i duszy. Jeszcze raz przeanalizujmy to, co osiągnęliśmy. Zaczęliśmy wdrażać świadomość, przyzwyczajać ją do odczucia duszy – matrycy informacyjnej, która jeśli mówimy o ideale, musi być nierozłączna ze świadomością. Świadomość stale powinna odczuwać duszę, czuć ją, być z nią jedną całością – to norma. Jednakże niestety, ta norma jest nieosiągalna dla większości ludzi.

Jak zachowuje się świadomość ludzi, którzy nie osiągnęli tej normy, w jaki sposób do niedawna zachowywała się wasza świadomość? Nie stanowiąc jednej całości z duszą, nie skupiając się na niej, świadomość stale „zaczepiała się" o coś innego, o cokolwiek, tylko nie o duszę. Istnieje tendencja, że świadomość rozłączona z duszą koncentruje się na mijających, oddzielnych odczuciach, które powstały w ciele fizycznym, ale przy jego bezpośrednim uczestnictwie. Gdy zabolała głowa, świadomość „skoczyła" do głowy, do żołądka trafia smaczne jedzenie – świadomość biegnie wprost do przewodu pokarmowego. W takich przypadkach świadomość wciąż skacze po powierzchni, nigdy nie przenika do samej głębi, do głębi waszej istoty – do duszy. Właśnie dlatego świadomość zwykłego człowieka stale zajęta jest jakimiś głupstwami, sprawami drugoplanowymi, zatem nie może zrozumieć prawdziwej istoty tego, co dzieje się z człowiekiem. Przecież klucz do tej prawdziwej istoty znajduje się właśnie w duszy.

Zwróćcie uwagę na fakt, że dopóki świadomość jest skoncentrowana na odczuciach związanych z ciałem fizycznym, zależy od tego ciała. Nie jest wolna, ponieważ wiążą ją z ciałem fizycznym nierozerwalne więzy. Świadomość uniezależnia się od ciała tylko wtedy, gdy skoncentruje się na duszy. Przecież odczucia ciała są przypadkowe, zmieniają się, mijają, a odczucia duszy trwają wiecznie, niezależnie od zewnętrznych czynników świata materialnego. Tylko dzięki zjednoczeniu się z duszą świadomość uniezależnia się od ciała fizycznego i kontynuuje swe istnienie także po śmierci ciała fizycznego. Zjednoczenie z duszą powoduje jej niezależność od świata materialnego. Wtedy nie jest już straszne zniszczenie ciała fizycznego – świadomość będzie żyć dalej jak gdyby nigdy nic. A to oznacza, że po śmierci nie czeka nas już nieświadome istnienie, lecz istnienie w pełni uświadomione.

Ponieważ opanowaliście materiał rozdziału pierwszego, zrobiliście pierwszy krok w kierunku połączenia duszy i świadomości, a więc ku uniezależnieniu się świadomości od ciała fizycznego. Mimo wszystko jednakże to, co przedsięwzięliście, stanowi tylko fazę początkową złożonego i wielopłaszczyznowego procesu. Wasza świadomość na razie tylko przyzwyczaja się do bezpośredniego odczuwania duszy, ale samo odczucie nie jest jeszcze stałe i trwałe.

Co należy zrobić, żeby zjednoczenie duszy i świadomości było trwałe? Wiecie już, co przeszkadza świadomości w uzyskaniu swobody i niezależności – to stały związek z ciałem fizycznym, „zaczepienie się" na jego procesach, zależność od niego, a więc także od całego świata materialnego. Zatem najpierw powinniśmy oddzielić świadomość od ciała fizycznego i związać ją z ciałem eterycznym.

Aby świadomość mogła funkcjonować, potrzebna jest jej baza, pewna energetyczna podstawa. Do tej pory rolę tę pełniło ciało fizyczne. Teraz pozwalamy świadomości, by stworzyła sobie inną energetyczną bazę, niezwiązaną z ciałem fizycznym. Jeśli przy tym nie tylko połączymy świadomość z ciałem eterycznym, ale także „rozwiniemy" naszą świadomość tak, by w pełni zgadzała się z ciałem eterycznym i z jego źródłami energii, to świadomość będzie trwała i uzyska jeszcze uzupełniającą, dodatkową stabilność. Stabilność jest potrzebna świadomości po to, żeby utrzymać się we wcześniejszym stanie, nie ulec zniszczeniu nawet wtedy, gdy ciało fizyczne przestanie funkcjonować. Przecież skupienie się na odczuciach ciała fizycznego nie daje świadomości żadnych szans na przetrwanie po śmierci.

Jeszcze raz powiemy – dlaczego. Mówiliśmy już, że świadomości do istnienia potrzebna jest baza energetyczna. Na świecie nic nie może istnieć bez dostarczania energii. Silnik nie pracuje, nie można zapalić światła, elektrownie nie produkują prądu. Człowiek nie tylko nie może pracować, ale nawet poruszać się w przestrzeni. U większości ludzi tą energetyczną bazą dla świadomości jest ciało. Właśnie dlatego wszystkie odczucia zwykłego człowieka są skupione przede wszystkim na ciele fizycznym. Proszę zwrócić uwagę na fakt, że energetyczna baza świadomości leży w ciele fizycznym i odczucia świadomości też znajdują się w ciele fizycznym... Przed nami teraz istotny moment – sformułujemy ważną prawidłowość: gdzie są odczucia świadomości, tam jest także jej baza energetyczna. Odczucia i baza energetyczna są całkowicie nierozerwalne, nie można ich od siebie oddzielić! Tam gdzie pojawiają się odczucia, tam w danej chwili jest świadomość. Jeśli odczucia znikają – znika też świadomość.

Zilustrujmy to twierdzenie przykładem. Oto mamy człowieka pozbawionego słuchu – nie słyszy dźwięków. Człowiek ten ogląda telewizję, np. film z napisami. Wszystkie jego odczucia, całe postrzeganie wiąże się z obrazami. Tylko z nimi. Nagle w telewizorze znika obraz, pozostaje tylko dźwięk. Człowiek słyszący wie, że film trwa – słyszy dźwięki. Jednak głuchy powie: „Film się skończył". I nikt go nie przekona, że jest inaczej.

To czego nie można zaliczyć do odczuć, jest po prostu odrzucane przez naszą świadomość. Dzieje się tak, ponieważ w danym przypadku świadomość traci źródło energii dla swojej pracy. Dla człowieka głuchego zniknął obraz – film się skończył, a ludzie słyszący wiedzą, że trwa – przecież mają jeszcze jedno źródło energii – dźwięk.

W celu zwiększenia siły argumentu można podać jeszcze jeden przykład – omówmy pewien bardzo znany eksperyment. Jeśli komuś zasłonimy oczy, zatkamy uszy i zanurzymy go w wannie wypełnionej ciepłą gliceryną (podgrzaną do temperatury ciała, czyli 36,6°C), to odizolujemy go od wszystkich zewnętrznych impulsów – dźwiękowych, wzrokowych, dotykowych. Ciało pływające w ciepłej glice-

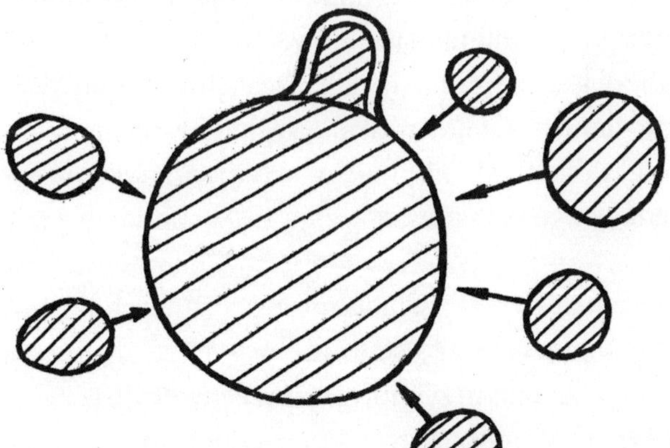

Rys. 21. Niczym krople wody wypełniające jezioro, odczucia nieprzerwanie napełniają świadomość swoją energią

rynie w żaden sposób nie odczuwa otaczającej go przestrzeni – oczy nie widzą, uszy nie słyszą – człowiek w takim stanie jest po prostu oderwany od świata zewnętrznego. Nie doznaje żadnych odczuć. Co się więc zaczyna dziać? Eksperyment udowadnia, że świadomość w takim stanie po prostu nie może funkcjonować. Mózg automatycznie i prawie natychmiast pogrąża się w sen, a potem następuje utrata świadomości! Dzieje się tak dlatego, że mózg zostaje pozbawiony impulsów z otoczenia.

Powiecie pewnie: przecież mają miejsce jeszcze jakieś inne wewnętrzne odczucia w organizmie, choćby takie, jak odczucia pracy jelit, języka i jamy ustnej czy odczucia smaku. Tak. Zgoda. Jednak większość ludzi nie przywykła do stałego, ciągłego odczuwania tego typu doznań. Zasada jest taka, że odczucia wewnątrz ciała postrzegane są wtedy, gdy człowiek je lub się porusza albo kiedy go coś boli. Zwykły człowiek nie może wyłącznie na podstawie tych odczuć zmusić świadomości do pracy. W wannie z ciepłą gliceryną postrzegany przez niego obraz świata po prostu się rozpływa i znika ze sfery percepcji. Znika też świadomość – nie wytrzymuje wyłączenia podstawowego strumienia sygnałów.

Jest jednak jeszcze jedna interesująca sprawa. Ludzie wyćwiczeni w przyjmowaniu różnego rodzaju sygnałów płynących z wnętrza organizmu, takich jak np.: bicie serca, prąd krwi, wydzielanie soku żołądkowego itd., nie odłączają się w wannie wypełnionej gliceryną!

Analogicznie, zwykła świadomość po śmierci ciała fizycznego odłącza się – przecież przestaje już płynąć strumień sygnałów ze świata zewnętrznego, przyjmowany przez ciało fizyczne. Nie odłącza się tylko świadomość rozwinięta, zjednoczona z duszą i rozgałęziona, podobnie jak w wannie z gliceryną nie wyłącza się człowiek potrafiący przyjmować sygnały dochodzące nie tylko ze świata zewnętrznego.

Zatem dla osiągnięcia takiego stanu niezbędne jest stałe doświadczenie naturalnej koncentracji świadomości na odczuciach, które nie zależą od ciała fizycznego. Tylko to pozwoli nam zachować świadomość niezależnie od ciała fizycznego.

Proszę zwrócić uwagę na to, że po raz pierwszy w całej serii książek stwierdziliśmy, że odczucia są energią dla istnienia świadomości. Bez odczuć mózg się odłącza. Bez odczuć świadomość przestaje istnieć. Widzicie teraz, jak ważne są dla nas odczucia, natomiast dla zwykłego człowieka nie mają tak wielkiego znaczenia. Odczucia – to także życie. Jeśli się zastanowimy, możemy stwier-

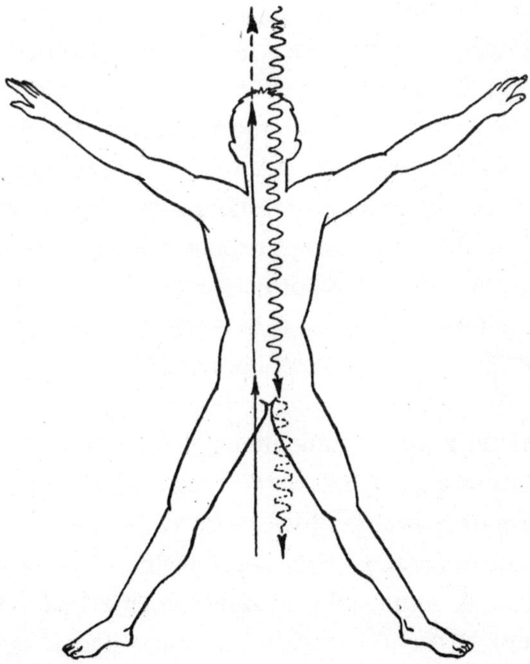

Rys. 22. Jak kwiatek lilii wodnej jednocześnie pije wodę i oddycha powietrzem, tak człowiek otrzymuje swoją energię życiową z Ziemi i kosmosu

dzić, że wszystkie książki z serii DEIR poświęcone są właśnie odczuciom. Uczymy się przecież odczuwać, odczuwać i jeszcze raz odczuwać. Najpierw – siebie jako energetyczną istotę, swoje ciało eteryczne, energetyczne strumienie, potem – duszę i świadomość, energetyczną istotę świata, później – jeszcze wyższe poziomy materii, jeszcze subtelniejsze odczucia. Żywy człowiek – to człowiek czujący, człowiek odczuwający. Człowiek bez odczuć – to już nie człowiek, ale automat. Niestety, większość ludzi zamieniła się w takie roboty. Nam jednak z tą większością nie po drodze.

Dlatego czas najwyższy przypomnieć wszystko, czego zdążyliśmy się dowiedzieć na temat odczuć i co zdążyliśmy, nazwijmy to, „naodczuwać".

Już na pierwszym stopniu systemu DEIR stwierdziliśmy, że istnieją dwa centralne energetyczne strumienie dostarczające energii naszemu eterycznemu ciału. Kosmiczny strumień dostarcza energii myśli, ziemski – emocji. Oba strumienie tworzą energię świadomości. W wyniku docierania tej energii świadomość funkcjonuje prawidłowo i w ciele wszystko jest skoordynowane. Mam nadzieję, że uznaliście to za fakt bezsporny. Każdy kto opanował pierwsze trzy stopnie systemu DEIR, na swoim przykładzie mógł się przekonać, jak wiele uzyskuje ten, kto podporządkuje sobie centralne strumienie, potrafiąc kierować nimi według swojej woli.

A przecież centralne strumienie niosą nie tylko energię. Razem z energią dostarczają nierozerwalne z nią odczucia – te same bazowe odczucia naszej świadomości, które są naturalne dla zwykłego człowieka i nawet przez niego niezauważalne. Zwykły człowiek nie dostrzega ich tak samo, jak nie zauważa (nie będąc wyćwiczony w tym kierunku) ruchów układu pokarmowego i innych odczuć wewnątrz ciała.

Potrafimy już rozpoznawać te odczucia, a nawet kierować nimi – nauczyliśmy się tego w początkowej fazie opanowania DEIR.

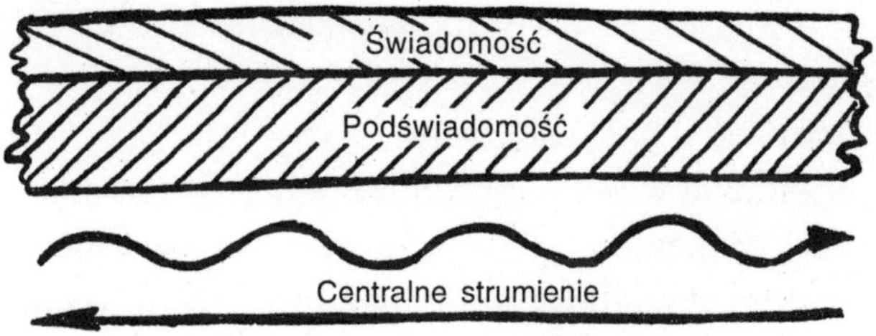

Rys. 23. Podświadomość wdycha w świadomość życie – ale robi to, przekształcając pierwotną energię centralnych strumieni

Pamiętacie, jak rozpoznawaliśmy cudze wtargnięcia do naszej świadomości, jak uwalnialiśmy się od nich, jak sami wdrażaliśmy do swojej świadomości użyteczne programy. Cała ta praca opierała się na umiejętności odczuwania własnej świadomości i na kierowaniu nią. Oczyszczaliśmy swoją świadomość z cudzych energii, a więc także z cudzych odczuć. Tworząc ochronną otoczkę, odgrodziliśmy się na zawsze od obcych energii i odczuć, a także zlikwidowaliśmy wpływ energoinformacyjnych pasożytów na nasze życie oraz takie zjawiska, jak: klątwa, urok i programowanie.

Odrzuciwszy cudzą energię, narzucone z zewnątrz odczucia, przestaliśmy być od nich zależni. Odtąd zaczęliśmy zależeć wyłącznie od czystej energetyki dostarczanej naszemu ciału bezpośrednio z kosmosu i Ziemi – od energii nieskażonej cudzym wpływem. A to oznacza, że zaczęliśmy się kierować wyłącznie czystymi odczuciami, niezmąconymi przez nikogo i nic obcego.

Teraz powinniście rozumieć związek energii i odczuć. Wtedy bez trudu pojmiecie rzecz następującą: gdy uczyliście się wsłuchiwać w odczucia ciała eterycznego i kierować tymi odczuciami, a więc także energią – nie robiliście nic innego, tylko łączyliście swoją świadomość z ciałem eterycznym! Zatem zaczęliście tworzyć dla swej świadomości nową bazę energetyczną, niezależną od ciała fizycznego. Zrozumieliście już przecież – gdzie są odczucia, tam jest i energia. Gdzie są odczucia – tam jest świadomość.

Dlatego jesteście w pełni gotowi do realizacji zadania złączenia świadomości z ciałem eterycznym. Powiem więcej – już dawno zaczęliście to zadanie wykonywać. Jednak istota tego, co musicie zrobić teraz, nie polega tylko na połączeniu świadomości z ciałem eterycznym. Teraz należy rozgałęzić świadomość na całe ciało eteryczne. Przecież teraz wasza świadomość koncentruje się przede wszystkim na centralnych strumieniach. Jednakże to nie wystarczy. W ciele eterycznym oprócz centralnych strumieni istnieje jeszcze mnóstwo innych energetycznych strumieni, których istnienia na razie sobie nie uświadamiacie. Strumienie te niosą odczucia ciału fizycznemu, w żadnym razie nie eterycznemu. Zatem wasze ciało eteryczne nie w pełni jeszcze zjednoczyło się ze świadomością. Teraz nadszedł czas, żeby zlikwidować ten stan i sprawić, by ciało eteryczne stało się w pełni świadome.

W naszym ciele eterycznym oprócz centralnych strumieni są jeszcze czakry. Z każdą czakrą wiąże się oddzielny strumień energetyczny. Czakry – to punkty zetknięcia się ciała eterycznego z fizycznym. Oznacza to ich jednoczesną przynależność do ciała eterycznego i do fizycznego, od którego zresztą zależą. A zatem strumienie energetyczne modulowane przez czakry są związane nie tylko z ciałem eterycznym, ale także z fizycznym. Właśnie dlatego strumienie energetyczne tworzą odczucia w ciele fizycznym. Świadomość, postrzegając te odczucia, przywiązuje się do nich, czyli także do określonych części fizycznego ciała, odpowiadających określonym czakrom. Świadomość, przywiązując się do pewnych stref ciała fizycznego, czepiając się konkretnych fizycznych odczuć tworzonych przez strumienie czakralne, znowu traci wolność, znów odrywa się od duszy i uzależnia się od ciała.

O tym, że jest to szczera prawda, każdy może przekonać się na własnym przykładzie. Wystarczy po prostu poobserwować siebie i odczucia w swoim ciele, przynajmniej w ciągu jednego dnia. Przypomnijcie sobie odczucie „ja jestem" – ośrodek skupienia waszego prawdziwego „ja". Zaobserwujcie, jak ten ośrodek wbrew waszej woli przemieszcza się z jednego punktu ciała do innego, z jednej czakry do drugiej, zdążywszy czasem w ciągu dnia odbyć podróż po całym ciele.

Podam przykład. Chcecie powiedzieć coś bardzo ważnego, gdy nagle czujecie ucisk w gardle. W ten sposób dała znać o sobie czakra Vishutha odpowiadająca za komunikowanie się, za przekazywanie nie tylko informacji logicznej, ale także emocjonalnej. Zareagowała czakra – składnik ciała eterycznego, jednak odczucia powstały w ciele fizycznym i centrum „ja jestem" automatycznie przemieściło się do gardła. Świadomość „ugrzęzła" w gardle, przestała odczuwać otaczający świat, odłączyła się od duszy i skoncentrowała tylko na niemożności wypowiedzenia ważnej kwestii. Dla takiego człowieka w danym momencie całe pozostałe życie jakby się skończyło. On jakby się zakleszczył. Można to porównać do sytuacji, gdy dla człowieka głuchego film kończy się wraz z wyłączeniem obrazu. A przecież w rzeczywistości zarówno film, jak i życie – trwają! Oznacza to, że należy nauczyć się nie odłączać od nich pod żadnym pozorem.

Inna sytuacja. Weszliście do sklepu, mając w portfelu niewiele pieniędzy. Zobaczyliście ceny nie na waszą kieszeń, takie sumy były poza waszym zasięgiem. W tym momencie poczuliście nieprzyjemny skurcz w okolicy splotu słonecznego. Pojęliście, że będziecie głodni i przestraszyliście się. Zwątpiliście, czy otrzymacie energię niezbędną do życia, a wasz strach uderzył wprost w Manipurę – czakrę energii życiowej. Wasze centrum „ja jestem" znajduje się teraz tam, dlatego w żaden sposób nie możecie się odprężyć i uwolnić od nieprzyjemnego odczucia w obszarze żołądka. W tym momencie nie będziecie w stanie cieszyć się słońcem, wiosną, a ze sfery waszej percepcji zniknie gdzieś cały świat. Świat już was nie obchodzi – skurczył się do rozmiarów żołądka. Wszystko inne nie istnieje, postrzegacie świat, jakbyście mieli klapki na oczach.

A oto sytuacja, z którą bardzo często mamy do czynienia. Podoba wam się osoba płci przeciwnej – czujecie do niej pociąg fizyczny. W tym przypadku cała wasza istota skoncentrowana jest wokół płciowej czakry Swadisthany. Jeśli kochacie nie sercem, nie duszą, jeśli nie jest to miłość duchowa, ale czysto fizyczna, to wszystkie wyższe czakry milczą, ale seksualna energia – nie. Znowu mamy do czynienia z brakiem harmonii, zaistniało bowiem skrzywienie w strukturze energetycznej. W takim stanie, jak w żadnym innym, nie można odczuwać świata w pełni. Życie zatrzymuje się dla was, skupiacie się na pożądaniu, a jeśli obiekt tego pożądania jest niedostępny, sytuacja może mieć opłakane skutki – przecież życie dla człowieka, którego energia całkowicie przywarła do Swadisthany, po prostu straci sens, jeśli nie uda mu się zaspokoić żądzy.

Właśnie w takim wykrzywionym, zdeformowanym stanie przebiega życie większości ludzi. Ich energia przyczepia się raz do jednej czakry, raz do drugiej, raz do trzeciej, a ich emocje niczym wąski promień reflektora wciąż wyświetlają raz jeden, raz drugi, raz trzeci obraz życia (a raczej jego fragment), ale całości obrazu ludzie ci nigdy nie oglądają. Oddzielne fragmenty tylko kaleczą obraz, jego postrzeganie i człowieka, który je ogląda.

Teraz rozumiecie już, że większość ludzi patrzy na życie przez dziurkę od klucza – raz przez jedną, potem przez drugą, trzecią... Wszędzie dostrzega tylko fragmenty wypaczone przez własną świadomość, a z tych fragmentów nigdy nie powstanie spójny obraz. Ale ludzie mówią z dumą: „Znam się na życiu!" Nigdy nie należy wierzyć takim słowom. Ten, kto tak twierdzi, zazwyczaj wie najmniej.

Aby uniezależnić się od takich rujnujących odczuć, które raz po raz biorą nas w niewolę, trzeba po prostu oderwać swoją świadomość od konkretnych czakr i wszystkie powstające w nich odczucia przyłączyć bezpośrednio do centralnych strumieni. Będzie to oznaczać, że oderwaliście odczucia od ciała fizycznego i przenieśliście je do ciała eterycznego – tzn. właśnie w ciele eterycznym stworzyliście nową bazę energetyczną dla świadomości. W tym przypadku absolutnie nie ucierpią na tym wasze konkretne odczucia, ale przestaniecie przyczepiać się do jednych odczuć kosztem innych. Po prostu nauczycie się postrzegać cały obraz, a to jest o wiele przyjemniejsze. Nauczycie się postrzegać świat jako jedną całość, życie – w swej pełni, jednocześnie wszystkimi czakrami! Ogarnie was niezwykła pełnia odczuć, a radosne odczuwanie istnienia we wszystkich jego przejawach stanie się normą waszego życia. Znikną cierpienia związane z przyczepianiem się do oddzielnych emocji i odczuć czy przeciwnych naturze energetycznych wykrzywień.

Teraz już potraficie poradzić sobie z tym zadaniem, jesteście do tego w pełni przygotowani. Możecie sami ocenić, jak daleko zaszliście w porównaniu z pierwszym stopniem DEIR, gdy słowem jeszcze nie wspominaliśmy o duszy. Teraz możecie ją odczuć, możecie łączyć ją ze świadomością. Teraz możecie dać duszy, która jest złączona ze świadomością, bazę energetyczną – ciało eteryczne, przemieszczając do niego odczucia z ciała fizycznego. Dusza połączona ze świadomością i nasycona odczuciami ciała eterycznego jest teraz potężną, praktycznie niedostępną konstrukcją, która otrzymała dostęp do nieograniczonych zasobów energii.

Tak, otrzymujecie dostęp do nieograniczonej energii. W takiej sytuacji znajduje się tylko jeden procent Ziemian, którym udało się oczyścić swoją energetykę i czerpać energię wprost z kosmosu i Ziemi dzięki uporczywej, ciągłej, wieloletniej pracy nad sobą. Nasz „przyśpieszony kurs", nasz system szybkiego ewolucyjnego rozwoju pozwala osiągnąć takie sukcesy w krótkim czasie wielu ludziom.

Obecnie stajemy się przewodnikami czystej ziemskiej i kosmicznej energii do człowieczego świata, który od tej energii się oderwał. Ktoś powinien przetrzeć szlak, dostarczyć do świata ludzi utraconą przez nich siłę i w ten sposób pomóc przeżyć ludzkości. Z woli losu jesteśmy takimi dostarczycielami energii, pionierami.

Wyobraźcie sobie następujący obrazek: obecnie ludzkość przypomina wyschłą trawę na stepie – każdy człowiek jest taką wyschłą trawą pozbawioną życia. Na tym tle znajdujemy się my – autor

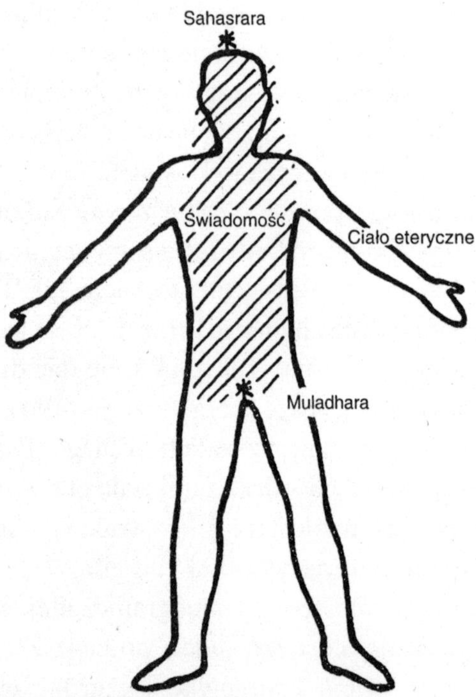

Rys. 24. Tylko uświadomiona energia ciała eterycznego może wypełnić duszę i ożywić ją

i Czytelnicy DEIR – jako potężne, silne zielone drzewa, które nie tak często można spotkać na stepie. Jednakże właśnie te drzewa utrzymują całą planetę, to właśnie one łączą ziemię z niebem i robią wszystko, by jałowy step z czasem przekształcił się w żywy, potężny las. Jesteśmy energetycznymi kolosami, słupami światła sięgającymi od Ziemi do nieba pośród mroku i pustki ludzkości. Wypełniamy odpowiedzialną misję. Dlatego posiadamy przywileje.

Mamy prawo wykorzystywać otrzymaną energię w celach osobistych. Ale uwaga! Cele te nie powinny być interesowne, nie mogą być ukierunkowane na zło ani być wykorzystywane dla pustej fanfaronady i demonstracji swoich możliwości. Nie powinniście wykorzystywać swoich sił w sposób rodzący poczucie winy. W przeciwnym razie źródła energii zamykają się, doenergetyzowują patologiczne związki społeczności ludzkiej – a wtedy wszystko trzeba zaczynać od początku.

Siły można wykorzystać do spełnienia swoich prawdziwych, szczerych pragnień, do osiągnięcia celów niezakłócających harmonii wszechświata, dla wzmocnienia zdrowia, osiągnięcia harmonii wewnętrznej, spokoju, odczucia radości istnienia.

Wszystko to można osiągnąć łatwo, praktycznie bez wysiłku, jeśli kroki opisane w tym rozdziale zostaną wykonane prawidłowo. Podczas nauki drugiego stopnia DEIR w celu osiągnięcia rezultatu musieliście długo sprawdzać, czy wasze pragnienie rzeczywiście jest szczere, potem musieliście tworzyć sytuacje dla jego realizacji, włączać do współdziałania otaczających was ludzi itd. Teraz nie musicie tego robić. Aby zrealizować życzenie, wystarczy tylko o nim pomyśleć. Jesteście bezpośrednio podłączeni do czystej energii Kosmosu i Ziemi. Dlatego nieprawdziwe pragnienia będą od was odrzucane, właściwie nie mogą w ogóle powstać, przecież jesteście pełni harmonii i wasze pobudki, popędy są prawdziwe, szczere, harmonijne i pożądane nie tylko przez was, ale także przez cały świat. Życie dosłownie zaczyna ścielić wam się u stóp, niczym w bajce. Wszystko to, co niezbędne, otrzymujecie z łatwością. Chcecie pracy, mieszkania, pieniędzy – przychodzą bez trudu, same, w potrzebnej ilości, w potrzebnym momencie, bez problemu.

ROZDZIAŁ 6.

GŁĘBOKIE ZJEDNOCZENIE ŚWIADOMOŚCI, CIAŁA ETERYCZNEGO I DUSZY

Jednolitość – prawdziwa droga ku sobie

Zatem co już zrobiliśmy, co osiągnęliśmy? Na pierwszym etapie czwartego stopnia zjednoczyliśmy świadomość i duszę. Połączenie to nie było jeszcze trwałe. Na drugim etapie rozgałęziliśmy świadomość połączoną z duszą, rozdwoiliśmy percepcję na dolną i górną czakrę. W ten sposób podłączyliśmy świadomość i duszę do prawdziwych, czystych źródeł energii, takich samych, jakie zasilają ciało eteryczne. Stan okazał się być znacznie bardziej stabilny, połączenie duszy, świadomości i centralnych strumieni możecie utrzymywać wystarczająco długo.

Czego nam jeszcze brakuje? Otóż brak nam jeszcze stałości, trwałości i stabilności ciała eterycznego. Chcemy przecież, żeby utworzony zespół – trójjedność duszy, świadomości i ciała eterycznego – był stały, trwały, silny, wielki, a także niezależny od ciała fizycznego, żeby mógł istnieć nawet po śmierci tego ciała. Dodatkowo w celu osiągnięcia takiego stanu musimy jeszcze popracować z ciałem eterycznym – jeszcze nic nie zrobiliśmy dla jego wzmocnienia, stabilizacji, musimy też spowodować, by stało się zupełnie czyste.

Oczyściliśmy już świadomość i duszę, podłączając je do czystych źródeł ziemskiej i kosmicznej energii. Ciało eteryczne także jest zasilane przez te źródła, jednak wciąż wyrywa się, by podchwycić z otaczającego świata jakąś zewnętrzną mętną energię. Przecież wszystkie czakry działają jak dawniej i jak dawniej reagują na przejawy świata zewnętrznego, choć oczywiście uzyskaliśmy pewną ich niezależność. Otoczka pierwszego stopnia DEIR blokuje nieuświadomioną energetyczną objętość, a przecież raz za razem otwieramy się świadomie! Na razie nie jest to niezależność całkowita. Teraz powinniśmy sprawić, by taka się stała.

Absolutną stabilność całej naszej istoty na nowym poziomie ewolucji osiągniemy dopiero wtedy, gdy przestawimy ciało eteryczne na takie samo zasilanie energią, jakie posiadają ciało i dusza. Musimy wprowadzić je na ten sam poziom, to znaczy podłączyć do absolutnie czystej energii Ziemi i kosmosu, do energii bez żadnych domieszek. Dopiero wtedy będziemy w pełni niezależni od ciała fizycznego. Osiągniemy także coś jeszcze – staniemy się całkowitymi, pełnymi ludźmi, u których w harmonii, jedności i zgodzie istnieją ciało i umysł, i dusza, i świadomość, i podświadomość.

Tylko taki stan umożliwi nam łatwe przyjmowanie i gromadzenie informacji, których otrzymanie w żaden sposób nie wiąże się z ciałem fizycznym czy ze zwykłą pracą mózgu. Możemy mieć bezpośredni dostęp do intuicyjnych danych – do prawdziwej wiedzy, która nie jest przekazywana za pomocą logiki. A to oznacza, że z łatwością możemy otrzymać odpowiedź na każde interesujące nas pytanie. Odpowiedź taką otrzymamy bezpośrednio od pola energetycznego wszechświata.

Wróćmy teraz do ciała eterycznego. Ciało eteryczne w postaci, w której teraz z nami przebywa aż do przejścia trzeciego kroku czwartego poziomu DEIR, w żadnym razie nie nadaje się do wypełnienia funkcji, którą chcemy mu nadać. Powinno reprezentować sobą stabilną, stałą i trwałą bazę energetyczną, na podstawie której będzie istnieć nasza nieśmiertelna uświadomiona dusza. Jednak na razie, wybaczcie, wasze energetyczne ciało jest po prostu śmiertelne. Jest zbyt ściśle powiązane z ciałem fizycznym – tak ściśle, że powtarza nawet wszystkie jego kontury, obramowanie. Po śmierci ciała fizycznego ciało eteryczne zwykle wychodzi z niego przez czubek głowy, po czym istnieje jeszcze dokładnie dziewięć dni (wyłączając zjawę, o której już mówiliśmy, ale są to oddzielne przypadki). A po dziewięciu dniach rozpada się bez przeszkód, ostatecznie.

To nie jest nam pisane. Dlatego teraz wasze zadanie polegać będzie na przekształceniu ciała eterycznego w taki sposób, żeby stało się silne, nieśmiertelne i niezależne od ciała fizycznego.

Wydaje wam się to niemożliwe? Oczywiście, że jest to jak najbardziej możliwe, choć nie dla wszystkich – tylko dla tych, którzy opanowali wszystkie poprzednie stopnie DEIR. Dla człowieka znajdującego się na nowym poziomie ewolucji jest to nie tylko możliwe, nie tylko niezbędne – jest to zupełnie naturalne. Takie przekształcone ciało eteryczne jest jedną z cech wyróżniających człowieka przyszłości – a właśnie takimi ludźmi teraz się stajecie.

Przenikają was niepowtarzalne odczucia związane z przemieszczeniem świadomości z punktu wejścia strumieni: wschodzącego i schodzącego oraz z rozdwojeniem świadomości. Doskonale znacie stan wypełnienia całej waszej istoty przez czyste energie Kosmosu i Ziemi. Nie traćcie tych odczuć. Zachowując je, stopniowo przechodźcie do trzeciego kroku czwartego stopnia DEIR, który da wam całkowite, głębokie połączenie świadomości, ciała eterycznego i duszy.

W tym celu przypomnimy sobie nawyki pracy z ciałem eterycznym. Opanowaliśmy je na pierwszym stopniu DEIR. Jak zapewne pamiętacie, uczyliśmy się odczuwać nasze ciało eteryczne, przemieszczać je w przestrzeni, przesuwać się w nim, zmniejszać i zwiększać jego rozmiary itd. Ciało eteryczne jest energoinformacyjną podstawą naszej świadomości, dlatego musimy się nauczyć kontrolować je i dobrze utrwalić te nawyki.

• ***System nawyków DEIR*** Stopień 4.

Krok 3a. Odczucie centralnych strumieni w ciele eterycznym

Stańcie prosto, spokojnie, rozluźnieni, z rękami opuszczonymi wzdłuż tułowia. Teraz powoli podnoście do góry prawą rękę – bardzo powoli, żeby to poczuć. Skupcie się na odczuciach w mięśniach, ścięgnach i komórkach. Zapamiętajcie odczucia ruchu w podnoszonej ręce. Gdy ręka znajdzie się poziomo w stosunku do podłoża, zacznijcie tak samo powoli, czując to, co robicie, opuszczać ją, znów uważnie obserwując wszystkie odczucia w ręce.

Niech teraz wasza fizyczna ręka swobodnie zwisa wzdłuż tułowia. Zostawcie ją w spokoju, ale świadomie spowodujcie w sobie odczucie, że unosicie rękę. Poczujecie, że wszystkie odczucia, których doświadczyliście podnosząc rękę fizyczną, powracają z zadziwiającą wprost dokładnością. Wiecie już, że w ten sposób unosicie swoją eteryczną rękę i choć fizycznie ręka wciąż pozostaje nieruchoma, odczucia praktycznie są takie same jak wtedy, gdy ją podnosiliście.

Teraz w sposób dowolny, swobodny – tak jak chcecie, poruszajcie ręką eteryczną. Uściśnijcie nią drugą rękę, dotknijcie ściany, podrapcie sufit i obserwujcie odczucia. Wykonajcie to samo ćwiczenie z drugą ręką. Potem przećwiczcie z nogami. Najpierw poruszajcie realnymi fizycznymi nogami, zapamiętajcie odczucia, potem, mając nieruchome realne nogi, poruszajcie eterycznymi nogami.

Pokręćcie najpierw realną głową, a następnie eteryczną. Siądźcie na krześle i wstańcie – najpierw realnie, potem – w postaci ciała eterycznego, przy nieruchomym fizycznym. Następnie w ciele eterycznym przejdźcie się po pokoju, wyjdźcie na korytarz, potem za próg domu. Nie odchodźcie daleko – aby kontynuować pracę, musicie wrócić do ciała fizycznego.

Przeniknęliście zatem odczucia ciała eterycznego, kierowaliście nim świadomie – teraz już bardzo dobrze odczuwacie swoje eteryczne ciało. Nawet wtedy, gdy wasze ciało fizyczne jest połączone z eterycznym i oba znajdują się w bezruchu, bardzo łatwo wyławiacie różnice między nimi i czujecie, gdzie jest teraz wasza świadomość – czy w ciele eterycznym, czy w fizycznym. Aby móc kontynuować ten krok, należy osiągnąć właśnie to odczucie – nasza świadomość musi wyraźnie odczuwać ciało eteryczne, nawet wtedy gdy ciało eteryczne jest połączone w przestrzeni z ciałem fizycznym i pozostaje nieruchome.

Teraz znów przekonaliście się, że ciało eteryczne nie jest czymś gorszym od ciała fizycznego i może dać nam cały zestaw odczuć cielesnych. Przy czym zestaw tych odczuć jest zupełnie oddzielony, odizolowany od ciała fizycznego. Ciało eteryczne jest energoinformacyjnym ekwiwalentem ciała fizycznego, zdolnym do takich samych odczuć, ale mimo to istniejącym oddzielnie od ciała fizycznego. Jako samodzielny ekwiwalent ciała fizycznego, ciało eteryczne w pełni może stać się samodzielne i być oddzielone od ciała fizycznego.

Ciało eteryczne, jak wspomnieliśmy wcześniej, ma istotną wadę – nie jest wieczne. Na szczęście na danym etapie waszego rozwoju wadę tę bardzo łatwo zlikwidujecie. Skoncentrowaliście świadomość na skrajnych czakrach ciała eterycznego. Teraz trzeba ją już tylko skupić na tych czakrach, a mówiąc ściślej – na punktach wejścia strumienia wschodzącego i schodzącego w samo ciało eteryczne. Tylko wtedy strumienie staną się źródłem energii dla ciała eterycznego, a źródło energii nie będzie już związane z ciałem fizycznym. Tylko wtedy ciało eteryczne stanie się samodzielne i niezależne od ciała fizycznego i otrzyma możliwość istnienia do woli, wiecznie – jak nieśmiertelna dusza. Gdy ciało eteryczne podłączy się do centralnych strumieni, zacznie zależeć tylko od nich. A strumienie z Ziemi i kosmosu, zasilające naszą duszę i świadomość, istnieją i będą istnieć tak długo, póki istnieje nasz wszechświat.

Aby osiągnąć ten stan, powinniśmy przede wszystkim nauczyć się odczuwać centralne strumienie, znajdując się jednocześnie w ciele eterycznym. Wiecie już, jak znaleźć się w ciele eterycznym. Wiecie też, jak odczuwać centralne strumienie. Teraz pozostaje tylko połączyć te odczucia.

Gdy przenikniecie odczuciem ciała eterycznego, ruchami rąk, nóg, głowy, uspokójcie się i zaprzestańcie poruszania się zarówno w eterycznym, jak i w fizycznym ciele. Ale będąc w bezruchu, zachowajcie odczucia ciała eterycznego. Poczujcie fizyczny żołądek – i eteryczny żołądek, potem fizyczny kręgosłup – i eteryczny kręgosłup. Czy wiecie już, na czym polega różnica? Odczuliście ją?

Następnie, nie tracąc odczuć ciała eterycznego, które przenika każdą komórkę waszego ciała fizycznego, skupcie się na odczuciach centralnych strumieni. Przypomnijcie sobie, w jaki sposób strumienie związane są z oddechem. Poczujcie ten związek: powoli głęboko wydychajcie i wdychajcie powietrze. Poczujcie, jak na wdechu wschodzący strumień staje się silniejszy i bardziej nasycony, a na wydechu to samo dzieje się ze schodzącym strumieniem. Z każdym wdechem – wydechem strumienie stają się silniejsze, osiągają maksymalną siłę... Poczujcie, że strumienie płyną właśnie w ciele eterycznym, a nie w fizycznym, wzdłuż eterycznego, nie fizycznego kręgosłupa. Nietrudno będzie wychwycić różnicę, uda wam się to z łatwością. Teraz nie tracąc odczuć strumieni, skupcie się jednocześnie na punktach wejścia centralnych strumieni w skrajnie położonych czakrach – tak jak nauczyliście się tego, wykonując poprzedni krok.

Po tym, nie robiąc żadnej przerwy, przechodzimy do następnego kroku.

Krok 3b. <u>Świadome podłączenie ciała eterycznego do skrajnych czakr</u>

Znów odczujcie ruch centralnych strumieni w całym ciele eterycznym.

Poczujcie, jak do czakry Sahasrara wchodzi schodzący strumień. Jest zupełnie przezroczysty, przejrzyście kryształowy, a jego przejście powoduje odczucia wprost niewyobrażalne, niedające się określić z punktu widzenia logiki. Strumień krystalizuje przestrzeń na swojej drodze – wszystko przez co przechodzi, staje się całkowicie jasne, wyraźne, widoczne jak dobrze umyte szkło. Skupcie się na tym odczuciu przezroczystego, krystalicznie czystego strumienia w czakrze Sahasrara. Odczujcie tę czakrę wyraźnie. A teraz nie tracąc odczucia czakry, poczujcie całe swoje ciało eteryczne jednocześnie jako całościową strukturę, koncentrując się od razu na całym ciele, a nie na jego oddzielnych częściach czy narządach. Teraz bardzo ważny moment: powinniście włączyć czakrę Sahasrarę do swego ciała eterycznego, połączyć ją ze swoim ciałem eterycznym. W tym celu powinniście jakby przyjąć czakrę w ciało eteryczne, wpuścić ją tam i pozwolić jej wczuć się, wżyć. Niech czakra zleje się, połączy w jedno z ciałem eterycznym. Niech stanie się z nim niepodzielną całością. Teraz odczuwacie czakrę Sahasrarę jako nieodłączną część waszego ciała eterycznego.

Wciąż odczuwając ciało eteryczne – całe od razu, jako całościową strukturę, połączcie całą jego wierzchnią połowę z Sahasrarą. Niech się zleją, rozpuszczą w sobie – Sahasrara w górnej połowie ciała eterycznego, połowa ciała – w Sahasrarze.

Od razu gdy tego doznacie, pojawi się odczucie – dziwne na pierwszy rzut oka i do niczego niepodobne – jakby cały świat nieprawdopodobnie się rozjaśnił – otrzymaliście zdolność uświadamiania sobie tego, z czego dawniej nie zdawaliście sobie sprawy, zaczęliście wyraźnie rozumieć to, co do tej pory było niepojęte. Wszystko wokół stało się jasne, wyraźne i zrozumiałe, wszystko znalazło się na swoim miejscu – i w świadomości, i w myślach, i w duszy – wszystko jest niezwykle jasne, ostre, wyraźne i zrozumiałe. Nigdy więcej już nie doświadczycie żadnych niejasności zarówno w sobie, jak i w otaczającym świecie.

Teraz jednak kilka uwag. To odczucie jest dla was zupełną nowością. Może zdziwicie się, dlaczego wcześniej go nie doświadczyliście – przecież pracowaliście już z czakrą Sahasrarą, tworzyliście otoczkę ochronną. Moja odpowiedź brzmi: w tym momencie nie byliście jeszcze gotowi, by podłączyć się do czystej energii, dlatego wtedy nie włączaliśmy czakry do swojego ciała eterycznego. Wtedy po prostu pozwalaliśmy tej energii płynąć, bronić nas od zewnątrz, jednak nie przepuszczaliśmy jej w czystej postaci do naszego wnętrza, ponieważ na tym etapie, gdy nie umieliśmy jeszcze pracować ani z duszą, ani ze świadomością, mogłoby to być dla nas zgubne. Teraz sprawy mają się zupełnie inaczej: jesteście gotowi.

Zachowajcie to nowe dla was odczucie zlania się Sahasrary z górną częścią ciała eterycznego oraz jasności świadomości, której dzięki temu doświadczyliście. Zatrzymując to doznanie, przejdźcie do następnej fazy danego kroku.

Przenieście uwagę na Muladharę. Odczujcie, jak wchodzi w nią wschodzący strumień energii Ziemi – jest silny, potężny, sprężysty jak fala. Nie traćcie przy tym odczucia ciała eterycznego jako jednolitej całości. Skupcie się na odczuciach czakry i przepływającego przez nią strumienia. A teraz połączcie odczucie czakry i odczucie ciała eterycznego, włączcie czakrę w to ciało.

Przyjęliście Muladharę do swojego ciała eterycznego. Odczujcie to ciało jako całościową strukturę, której górna część jest podłączona do czakry Sahasrary. Pozostałą dolną część ciała połączcie w jedno z Muladharą. Teraz podłączyliście Muladharę do swojej dolnej części ciała eterycznego.

Gdy już wam się wszystko uda, znów doświadczycie nowego odczucia, które uzupełni poprzednie – całą waszą istotę wypełni nieprawdopodobna energia i siła. W przypadku Muladhary, podobnie jak to było z Sahasrarą, nie doświadczaliście wcześniej takiego odczucia, ponieważ nie podłączyliście Muladhary do swojego ciała eterycznego – nie byliście wtedy gotowi na przyjęcie czystej energii Ziemi.

Czy pamiętacie Ilię Muromca?[2] Był zmuszony 33 lata tkwić po pas w ziemi, by otrzymać siłę – potężną ziemską energię. Przypomnijcie sobie, jak stał się nieprawdopodobnie potężny po tych 33 latach, jak niszczył wrogów, a sam był niezniszczalny i nie miał sobie równych pod względem siły. Wy nie macie potrzeby siedzenia w ziemi przez 33 lata w celu nabycia takiej siły. Wystarczy opanować czwarty stopień DEIR.

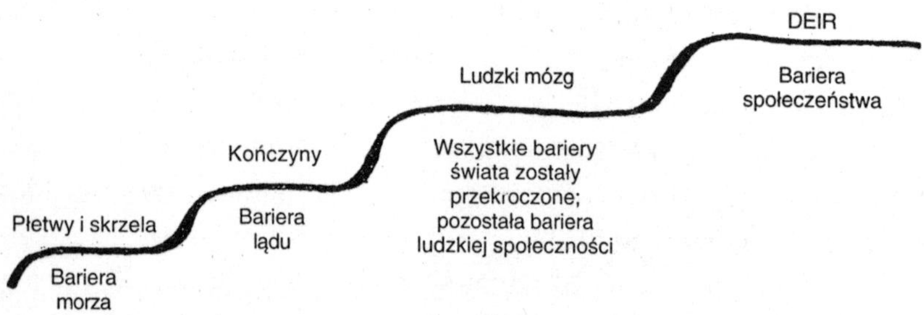

Rys. 25

Co właściwie zrobiliście? W istocie zostawiliście w swoim ciele eterycznym tylko dwie czakry: dolną i górną. Odczujcie swoje ciało eteryczne połączone tylko z tymi dwiema czakrami. Pozostałych czakr już nie ma. Nie jest to wada, ale normalny stan człowieka nowego poziomu ewolucyjnego. Jesteście bezpośrednio podłączeni do czystej energii kosmosu i Ziemi, składacie się tylko z dwóch przejrzystych energetycznych strumieni – pozostałe czakry są po prostu niepotrzebne. Teraz już nie macie potrzeby posiadania wszystkich pozostałych strumieni energetycznych przepływających przez pozostałe pięć czakr. Składacie się tylko z czystej energii Ziemi i kosmo-

[2] Ilia Muromiec – bohater ruskich bylin, ludowy heros – bogatyr (przyp. tłum.).

su, pozostałe strumienie czakralne przyciągające potrzebną energetykę, wam tylko by przeszkadzały. Jeśli jednak będziecie mieć ochotę, zawsze możecie odtworzyć w swoim ciele eterycznym każdą z utraconych czakr – gdyby to do czegoś miało się wam przydać. Na swoje życzenie możecie ją znowu zlikwidować. Niemniej jednak żaden z moich uczniów po przejściu czwartego stopnia DEIR nie zechciał przywrócić żadnej z czakr. Istnienie bez nich jest tak wspaniałe i upojne, że nawet nie chce się myśleć o powrocie do przeszłości.

Na cóż wam się może przydać np. czakra serca – Anahata, jeśli odczuwacie świat całą swoją istotą, jakbyście byli jednym wielkim sercem? Po co płciowa czakra Swadisthana, jeśli kochacie całą swoją istotą, doświadczając jednocześnie wszystkich odczuć związanych z tym stanem, bez podziału na różne rodzaje miłości, np. seksualną, umysłową itp.? Jednocześnie wasze odczucia są o wiele silniejsze niż te, do których dawniej byliśmy przywiązani.

Do czego wam jest potrzebna czakra Vishutha odpowiedzialna za zdolności komunikacyjne, za umiejętność utrzymywania relacji międzyludzkich, jeśli komunikujecie się całą swoją istotą, całym swym jestestwem i w tym celu nie jest wam już potrzebny żaden narząd?

Mój Czytelnik jest już prawdziwe jednolitym człowiekiem. Wszystkie połączenia są stopione razem w jedną całość, w wyniku czego rozkoszujecie się życiem całą swą istotą. Żyjecie, oddychacie, czujecie każdą swoją komórką, również każdą komórką swojego ciała potraficie odczuwać niezmierne szczęście. Dodatkowo każda komórka waszego ciała i całe ciało razem wzięte dosłownie promienieje światłem, siłą, energią i nic nie jest w stanie zaciemnić tego ciągłego, nieskończonego blasku.

Teraz gdy wasze ciało eteryczne zlało się w jedno z dwiema skrajnymi czakrami, pozostaje tylko uzupełnić to odczucie uczuciem „ja jestem".

Niech znów przeniknie was uczucie „ja jestem", a potem stopniowo połączcie je z odnowionym ciałem eterycznym – rozpuśćcie je w tym ciele.

Niech przenikną was wszystkie doznane odczucia. Dotąd odczuwaliście uczucie „ja jestem" jako pewnego rodzaju pustkę, próżnię wolną od myśli i uczuć. Teraz ta „pustka" nagle wypełniła się energią, odczuciem światła, prężności. Oznacza to, że wasze uczucie „ja jestem" w końcu otrzymało konkretny energetyczny substrat dla swojego istnienia.

Opanowując poprzedni krok opisany w rozdziale piątym, łączyliście uczucie „ja jestem" ze skrajnie położonymi czakrami – pewnie jednak zgodzicie się ze mną, że samo uczucie było abstrakcyjne i choć nauczyliście się je odczuwać, było niematerialne i trudne do wychwycenia. Teraz można powiedzieć, nabrało ciała i krwi, jak to się mówi: jest z krwi i kości. Oznacza to, że nasze odczucie „ja jestem" wypełniło się życiem aż po brzegi – jest to tak potężne odczucie, że możecie zechcieć skakać ze szczęścia i krzyczeć na cały głos: „Ja jestem! Ja jestem!" Jest to przenikające odczucie ostrości istnienia, wyraźnego uświadomienia sobie życia, odczucie wypełnienia siłą, potęgą dochodzącą do wszechmocy, wszechpotęgi i bezgraniczną radością – takie odczucia są absolutnie niedostępne dla zwykłych śmiertelników.

Krok 3b należy przećwiczyć kilkakrotnie, tak długo, aż wszystkie odczucia staną się jasne i wyraźne. Potem, gdy kolejny raz przećwiczycie ten krok niezwykle dokładnie – powinniście, nie robiąc żadnej przerwy (podkreślam jeszcze raz: nie wolno robić żadnych przerw, to bardzo ważne!), płynnie przejść do następnego kroku.

• ***System nawyków DEIR*** Stopień 4.

Krok 3c. Utrwalenie przemieszczenia uczucia „ja jestem" do skrajnych czakr

Jesteście już bardzo blisko realizacji ostatniego kroku czwartego stopnia DEIR. Praktycznie wypełniliśmy już wszystkie zadania czwartego stopnia, zrobiliśmy wszystko to, co niezbędne. Umiemy już odczuwać duszę i świadomość, nauczyliśmy się przemieszczać świadomość po matrycy duszy i wyraźnie odczuwać to przemieszczenie. Przyzwyczailiśmy naszą podświadomość do przyjemnego zespołu odczuć odpowiadających prawidłowemu rozgałęzieniu świadomości – rozłożeniu jej na skrajnie położone czakry. Połączyliśmy w jedną całość duszę, świadomość i ciało eteryczne i w ten sposób staliśmy się jednolici – to wspaniały stan harmonii, zupełnie nieosiągalny dla zwykłych ludzi. W końcu nauczyliśmy swoją duszę, świadomość i ciało eteryczne bezpośrednio czerpać z czystej energii Ziemi i kosmosu, i tylko z niej.

Oto wydawałoby się, mamy do czynienia z paradoksem – rozszczepiwszy świadomość, rozłożywszy ją na skrajne czakry, nie tylko nie rozdzielamy swej istoty na dwie części, ale – odwrotnie – odczuwamy swą jedność, czujemy się jednością, jesteśmy jednolici i uświadomieni. W rzeczywistości nie ma żadnego paradoksu. Gdy przepełni was to odczucie, przekonacie się, że tylko wtedy gdy rozłożycie świadomość pomiędzy skrajne czakry, wtedy gdy nauczycie się jednocześnie odczuwać i uświadamiać sobie siebie z dwóch punktów wejścia centralnych strumieni, możecie odczuć swą jednolitość. Odczujecie nie tylko to. Poczujecie uduchowienie, świadomość, że żyjecie, postrzegając cały świat jednocześnie całą swoją istotą, całym ciałem – od czubków palców po czubek głowy.

Gdy teraz przyjrzycie się otaczającym was ludziom, bez trudu zauważycie, jacy są skostniali, zesztywniali niczym drewniane kukły – nieżywi. Automatycznie ruszają rękami i nogami, jakby nie było to ich żywe ciało, a kostury. Teraz wasze ciało jest żywe, spontaniczne, natychmiast reaguje na każdą zmianę sytuacji. Na wszystko reagujecie bezpośrednio i żywo. Jesteście żywym człowiekiem pośród tłumu manekinów i automatów, którymi niestety stała się większość ludzi.

Co jeszcze pozostało nam do zrobienia? Musimy tylko przeprowadzić ostateczne zespolenie ciała eterycznego, świadomości i duszy oraz na zawsze utrwalić ten stan. Pomogą nam w tym nawyki wypracowane w czasie przejścia poprzednich kroków.

Przypominam, że ten krok wykonujemy w połączeniu z poprzednimi, bez żadnych przerw.

1. Od razu po tym, gdy odczucia poprzedniego kroku staną się jasne i wyraźne – osiągnęliście odczucie zlania się ze sobą górnej i dolnej czakry z ciałem eterycznym – wywołajcie w sobie bazowe odczucie „ja jestem". Należy to robić, nie tracąc uczucia zlania się ciała eterycznego ze skrajnymi czakrami.

2. Przemieśćcie uczucie „ja jestem" po matrycy duszy do górnej czakry. Odczujcie, jak odczucie „ja jestem" stapia się z górnym punktem ciała eterycznego, w miejscu wejścia schodzącego strumienia. Odnotujcie powstałe przy tym odczucia: wasz stan powinien zmienić się ostro, gwałtownie, wyraziście. Poczujecie, że kosmiczna energia dosłownie wdarła się do waszej duszy i świadomości, że zostaliście zatopieni przez kosmiczne światło, a energia kosmosu przenika całe wasze jestestwo. W którymś momencie możecie poczuć, że zlaliście się w jedną całość z całym kosmosem, z całym wszechświatem, że cały świat jest w was! W rzeczywistości nie jest to metafora, tak po prostu jest naprawdę. Gdy człowiek osiąga określony poziom rozwoju ewolucyjnego, staje się jednością z całym światem. Jego energetyka nie zna granic i z łatwością sięga do każdego zakątka wszechświata, obejmując cały świat. Teraz wszechświat jest wami, a wy – wszechświatem. Ni mniej, ni więcej. Człowiek, który osiąga taki stan, staje się naprawdę wielki. W porównaniu z tym wszystkie ziemskie dobra – bogactwo, władza, sława – to nic nieznaczące brzękadełka, dziecięce zabawki, rozrywka dla nie-

dorozwiniętych, którzy nie wiedzą, czym jest prawdziwa wielkość. Dla wszechświata każda ziemska sława, którą posiądzie człowiek, nic nie znaczy, to marny pyłek. Teraz jesteście porównywalni z wszechświatem.

3. Zachowajcie i utrwalcie uzyskane odczucia, rozkoszujcie się nimi.

4. Powoli przemieśćcie uczucie „ja jestem" w dół po matrycy duszy aż do pełnego zlania się z dolną czakrą. Poczujcie, jak przemieszczone odczucie „ja jestem" stapia się z dolnym punktem ciała eterycznego, w miejscu wejścia wschodzącego strumienia. Niech przeniknie was powstałe odczucie: ostro, gwałtownie i wyraziście zmieni się wasz stan. Poczujecie, jak siła, moc i energia Ziemi wdziera się w całe wasze jestestwo, wlewa się do duszy i świadomości, przenika was na wskroś. Teraz możecie poczuć swą jedność z Ziemią, z całą przyrodą, możecie odczuć duszą, że wedle życzenia stajecie się morzem, rzeką, skałą czy kwiatkiem. Teraz cała ziemska przy-

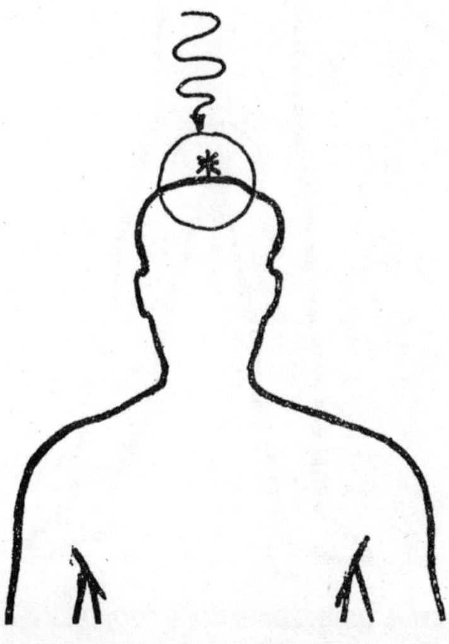

Rys. 26. Prawdziwe połączenie świadomości i źródła energii kosmosu

roda, wszystkie ziemskie żywioły będą wam pomagać niczym żywe istoty. Bo też to są żywe istoty, cały świat wokół was jest żywy, wszystko w nim żyje – rośliny, morza, nawet kamienie i skały. Poczujecie, że cały świat rozmawia z wami, sami nauczycie się komunikować z nim w jego języku. Większość ludzi jest głucha na ten język, dlatego świat wydaje im się wrogi i sami zaczynają się wrogo odnosić do otaczającego ich świata. A wy jesteście spokrewnieni duszą z całą Ziemią. Dlatego każda trawka, każde ziarenko piasku będzie waszym pomocnikiem, przyjacielem, doradcą w czasie waszej ziemskiej wędrówki.

Rys. 27. Prawdziwe połączenie świadomości z punktem wejścia strumienia energii Ziemi

5. Teraz już zachowaliście, utrwaliliście doznane odczucia, porozkoszowaliście się nimi.

6. Wasze uczucie „ja jestem" rozpuściło się teraz w złączonym z czakrami ciele eterycznym. Jednakże nie rozpuściło się zupełnie, jakaś jego resztka jeszcze pozostała. Wróćcie tę resztkę na stare miejsce, zacznijcie oddychać powoli, miarowo i mentalnie ją rozpuszczajcie.

7. Rozpuściwszy pozostałość uczucia „ja jestem", wsłuchajcie się w swój stan, poczekajcie chwilę. Poczujecie, jak odczucie „ja jestem" znów słabo zaczyna przejawiać się w dawnym miejscu. Wtedy głęboko wciągnijcie powietrze i zatrzymajcie oddech. Postarajcie się nie oddychać jak najdłużej. W chwili zatrzymania oddechu poczujecie, że odczucie „ja jestem" powoli taje i rozpuszcza się już całkowicie. Gdy znów zaczniecie oddychać, może się ono znów słabo przejawić. Wtedy znów wstrzymajcie oddech i rozpuśćcie uczucie „ja jestem". Czynność tę trzeba będzie powtarzać około pięciu razy, aż uczucie „ja jestem" przestanie się przejawiać na dawnym miejscu i zostanie rozpuszczone w skrajnych czakrach, zleje się z ciałem eterycznym.

To już wszystko. Zakończyliście ostatni krok czwartego stopnia DEIR. To jednak nie koniec. Dla utrwalenia uzyskanego efektu krok ten powinniście powtarzać przez kilka miesięcy, przynajmniej raz na dwa tygodnie. Sami poczujecie, jak zmienia się wasz stan, jak staje się bardziej stabilny, trwały, jak wasza siła i energia stają się niewzruszone i nabierają mocy, a wy stajecie się w pełni odporni i niezłomni.

Przyjmijcie moje gratulacje! Wykonaliście w krótkim czasie ogromną, wręcz kolosalną pracę, na którą inni potrzebują lat, a czasem dziesięcioleci. Staliście się całkowicie jednolitą istotą, stopiliście w jedną całość duszę, świadomość i ciało eteryczne. Właściwie każdy z nas jest teraz taki, jakiego wymyśliła nas wszystkich przyroda – jest Wszechmocnym Człowiekiem, istotą łączącą

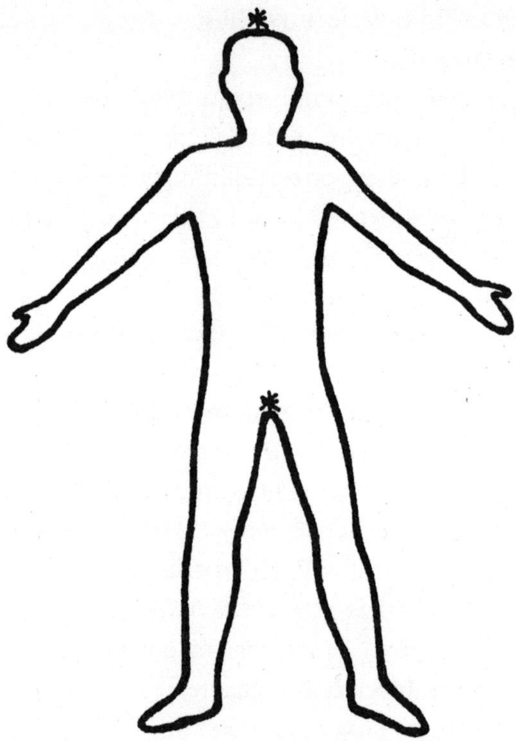

Rys. 28. Obejmujecie świadomością czyste źródła energii Ziemi i kosmosu, niczym drzewo zwrócone ku światłu i zanurzone korzeniami w ziemi

w sobie naturę kosmiczną i ziemską, rozporządzającą całą potęgą kosmosu i całą potęgą Ziemi. Cywilizacja spowodowała zerwanie więzi z prawdziwą naturą, oderwanie się od niej. Zdegradowała nas do roli nic nieznaczącego pyłu na drodze kłamstwa, po której kroczy społeczeństwo. Nadszedł czas, byśmy wrócili do swej prawdziwej istoty, byśmy stali się tymi olbrzymami, tytanami, którymi powinniśmy być od dnia narodzin.

Nowy stan ofiaruje nam całą gamę przywilejów, o czym wkrótce zdążycie się przekonać. Całkowicie znikną zwykłe ludzkie problemy związane ze zdrowiem, pieniędzmi, stosunkami z innymi. Niczym z rogu obfitości spłyną na was życiowe dobra, a wy będziecie bawić się nimi jak żongler, nie martwiąc się o to, że źródło wyschnie. Nie będzie już utyskiwań na życie – jak może użalać się nad życiem tytan, olbrzym odczuwający ścisłe połączenie z całym kosmosem i całą Ziemią? Wystarczy, że kiwniecie palcem, a otrzymacie wszystko, czego potrzebujecie – posiadacie tak wielką siłę, że natychmiast niczym magnes przyciągniecie wszystko, co chcecie.

Sami zaczynacie tworzyć swoje życie – i tworzycie je wedle swoich upodobań w każdej sekundzie swojego istnienia. Tworzycie swobodnie, z łatwością, w natchnieniu. Dodatkowo jeszcze otrzymujecie nieosiągalną dla zwykłego człowieka możliwość przedłużenia świadomego indywidualnego istnienia po śmierci ciała fizycznego.

Najbardziej interesujący jest fakt, że przed waszą świadomością stoi otworem bezpośredni dostęp do intuicyjnych danych, które niesie energia kosmosu. Ponieważ teraz energia kosmosu jest bezpośrednią składową waszej jednolitej całościowej istoty, to wszystkie intuicyjne dane, cała prawdziwa wiedza o sobie, świecie, przeszłości, przyszłości i chwili obecnej stale są obecne w waszej świadomości. Żeby otrzymać odpowiedź na jakiekolwiek pytanie, nie musicie się szczególnie wysilać, wystarczy lekkie skupienie, zatrzymanie myśli – i odpowiedź gotowa.

W większości przypadków nawet nie będziecie musieli formułować pytania – intuicja sama poprowadzi was tam, gdzie będzie to potrzebne, w każdej chwili waszego istnienia. Wasze świadome, uduchowione ciało będzie samo z łatwością wyławiać sygnały intuicji, a nogi same poniosą was wprost tam, gdzie potrzeba – do ludzi, sklepów itd. Powinniście tylko w pełni zawierzyć tej potężnej kosmicznej i ziemskiej energii, która prowadzi was teraz przez życie. Gdy zupełnie uwierzycie tej energii przemawiającej głosem intuicji, okaże się, że w tym życiu nie macie się czego obawiać, że w każdej sytuacji możecie czuć stoicki spokój i pogodę ducha.

Pewien mój uczeń, trzydziestopięcioletni odnoszący sukcesy biznesmen, Siergiej, kończył właśnie opanowanie czwartego stopnia DEIR. Trzeba wam wiedzieć, że w żaden sposób nie potrafił ostatecznie utrwalić w sobie i ustabilizować jedności duszy, świadomości i ciała eterycznego. Wydawało się, że wszystko dobrze rozumie, były chwile, gdy wszystko przebiegało zgodnie z planem, a potem pożądany stan znów znikał – czegoś brakowało do ostatecznego efektu.

I oto pewnego razu leciał samolotem, gdy nagle na dużej wysokości z samolotem zaczyna dziać się coś podejrzanego. Sytuacja staje się poważna. Samolot kołysze się, chybocze, przechyla, wydaje się, że zaraz spadnie. Stewardesy uspokajają pasażerów, jednak ludzie zaczynają wpadać w panikę.

W pewnej chwili Siergiej także był bliski paniki. Jednak nagle jakieś mocne pchnięcie wstrząsnęło całym jego jestestwem. Najpierw pomyślał, że to z powodu awarii samolotu. Potem zrozumiał, że pchnięcie to wypłynęło z jego wnętrza. W tym momencie poczuł, że jakieś potężne siły wlały się do jego wnętrza, chwyciły go i poniosły jak na skrzydłach. Nie stracił przytomności, nawet nie zamykał oczu, po prostu spokojnie siedział w fotelu i doskonale zdawał sobie sprawę z tego, co się wokół niego dzieje. Nagle wypełnił go radosny, błogi spokój. Poczuł, że siły, które znalazły się w jego wnętrzu, w pełni kontrolują sytuację. Miał wrażenie, że jakiś głos mu powiedział: „Wszystko będzie w porządku".

W tym momencie Siergiej odczuł całkowitą jedność całej swojej istoty, doznał tak wielkiej, błogiej radości, jakiej nigdy wcześniej nie znał. Promieniowała z niego taka siła, taka spokojna pewność, że nie mogli jej zauważyć współpasażerowie. Mimo popłochu, całego zamieszania, pasażerowie ją dostrzegli i wtedy powoli też zaczęli się uspokajać. Wkrótce załoga opanowała sytuację i samolot mógł szczęśliwie wylądować. Od tej pory Siergieja nigdy już nie opuszczało doznane w samolocie odczucie stabilnej i stałej jedności ciała eterycznego, duszy i świadomości, a także wiary w swoją intuicję oraz potęgę wiodącej go przez życie energii kosmosu i Ziemi. Najwidoczniej Siergiej potrzebował silnego wstrząsu, aby całkowicie i ostatecznie wejść w ten stan.

Poradzę wam coś: Jeśli wam, podobnie jak Siergiejowi, nie od razu wszystko się uda, przeżyjcie w myśli taką sytuację, jaką ten mężczyzna naprawdę przeżył w samolocie. Doświadczcie w sferze mentalnej takiego wstrząsu – bodźca, który za jednym zamachem stopił w jedno odosobnione części jego istoty. Jeśli przeżyjecie to w myśli, pole energoinformacyjne nie zgotuje wam czegoś podobnego na jawie.

W rezultacie na pewno osiągnięcie nadzwyczajany stabilny stan całkowitej jedności swojej istoty, trójjedności duszy, świadomości i ciała eterycznego, stan absolutnego zawierzenia życiu i swojej intuicji. Gdy tak się stanie, możecie być pewni: odtąd stoicie na nowym poziomie ewolucyjnego rozwoju ludzkości.

W związku z przebudzeniem się intuicji z moimi uczniami mają miejsce tak zadziwiające historie, jakie nawet nie przyśniłyby się zwykłym ludziom. W charakterze przykładu przytoczę jedną z nich. Helena Pietrowna, nauczyciel akademicki, przed laty rozwiodła się z mężem i przez cały czas cierpiała z powodu samotności. Gdy już zakończyła czwarty stopień DEIR, pewnego pięknego ranka obudziła się z jasnym i wyraźnym przeczuciem, że powinna właśnie teraz wyjść z domu, a wtedy spotka mężczyznę, który stanie się jej bardzo bliski. Odczucie było na tyle wyraźne, że kobieta miała sto procent pewności co do tego, że spotkanie będzie miało miejsce.

Wyszła z domu, przespacerowała się po mieście, potem pojechała kolejką do parku. Spacerowała tam stosunkowo długo, ale jakoś nikogo szczególnego nie zauważyła. Zdążyła się już nawet zaniepokoić: gdzież jest ten On, powinno już dojść do spotkania! Zaczęła wątpić w swe intuicyjne przeczucia i obawiać się o stan swego umysłu („Czy aby nie zwariowałam?”), postanowiła więc wrócić do domu, gdy z bocznej alejki wyszedł On, mężczyzna, którego do tej pory spotykała tylko w swych marzeniach. Nawiązanie znajomości nastąpiło bardzo szybko i łatwo. Okazało się, że łączy ich wiele – prawdziwe pokrewne z nich dusze. Teraz mieszkają razem i są oboje przeszczęśliwi.

Intuicyjne odczucia będą towarzyszyć nam w drobiazgach życia codziennego. Chcesz iść do określonego sklepu, ale nagle wyraźnie uświadamiasz sobie, że jest zamknięty. I rzeczywiście, gdy stajesz przed wejściem, widzisz wywieszkę: „Zamknięte. Inwentaryzacja”. Czujesz, że nie powinnaś wsiadać do tramwaju, choć jedzie tam, dokąd się wybierasz. I tramwaj po odjeździe z przystanku wypada z szyn. Takie sprawy można by wymieniać bez końca, moi uczniowie doświadczają podobnych zdarzeń prawie codziennie. Wszystko to przyjmują już jako coś naturalnego, codziennego.

I was także to czeka w najbliższej przyszłości.

Chcę poruszyć jeszcze jedną ważną kwestię. Gdy osiągniecie stan ostatecznego zespolenia się duszy, świadomości i ciała eterycznego, zbadajcie się wewnętrznym spojrzeniem, sprawdźcie, jaki jest ten wasz nowy stan, co stało się z waszą energetyką. Spróbujcie zbadać nowe granice waszego ciała eterycznego. Ze zdziwieniem odkryjecie, że ciało eteryczne nie powtarza już więcej konturów ciała fizycznego, nie jest już przywiązane do narządów, układów czy części ciała. Całe wasze ciało fizyczne jest po prostu zatopione w energii, która was na wskroś przenika. A ciało eteryczne przybrało zarys kuli, której granice sięgają daleko poza wasze ciało fizyczne.

W istocie ciało eteryczne zlało się z tą ochronną otoczką (znacznie przy tym powiększając jej rozmiary), którą zajmowaliśmy się na pierwszym stopniu DEIR, koncentrując energetykę na skrajnie położonych czakrach. W takim stanie można żyć, tworzyć, czuć tysiąc razy lepiej, bardziej owocnie w porównaniu do zwykłych ludzi. W takim stanie łatwo można przechodzić z jednego życia do drugiego, z jednego wcielenia do drugiego, nie tracąc indywidualności, świadomości, całej gamy odczuć. Śmierć dla was już nie istnieje. Jest wieczne życie, wieczna twórczość, wieczna radość istnienia.

Czwarty stopień DEIR pozostał już za wami. Przejście na nowy poziom ewolucji zostało zakończone. Dokonało się. Pozostaje nam całkiem niewiele. W następnych rozdziałach porozmawiamy o pewnych warunkach, regułach, których moglibyśmy przestrzegać w celu bardziej pomyślnego przejścia czwartego stopnia DEIR, a także krótko przedstawimy to, co czeka nas na ostatnim, piątym stopniu opanowania systemu dalszego energoinformacyjnego rozwoju.

ROZDZIAŁ 7.

PEWNE OGRANICZENIA GWARANTUJĄCE CZYSTOŚĆ

Jestem zwolennikiem wielkiej swobody dla każdego, jednak przejście czwartego stopnia DEIR wymaga od was, drodzy Czytelnicy, rezygnacji z pewnych przyzwyczajeń czy pozbycia się nałogów. Z czym to się wiąże?

Na pewno zrozumieliście już, że nasze bazowe odczucie „ja jestem" praktycznie nieustannie przemieszcza się w przestrzeni naszego eterycznego ciała i duszy, otrzymując kalejdoskop odczuć. Uczucie to może znacznie się zmienić w ciągu dnia, godziny, nawet w ciągu kilku minut. Trudno je kontrolować, ponieważ to przemieszczenie nierozerwalnie wiąże się z procesem myślenia i odczucia otaczającego świata. A my właśnie powinniśmy nauczyć się je kontrolować, co nie jest łatwe, dlatego nie powinniśmy sobie tego utrudniać. Musimy zatem uwzględnić pewne ograniczenia, co znacznie zwiększy nasze szanse na sukces.

Oprócz tego sam proces opanowania czwartego stopnia DEIR posiada na tyle potężną energetykę, że przestrzeganie ograniczeń staje się nie tylko możliwe, ale nawet przyjemne.

Po pierwsze, należy wziąć pod uwagę alkohol oraz silnie działające narkotyki. Co się dzieje, gdy człowiek bierze narkotyk lub gdy pogrąża się w otchłani upojenia alkoholowego? Doświadcza szeregu odczuć, jednak nie są to odczucia spowodowane bezpośrednią aktywizacją receptorów ciała. Zależą one od chaotycznego braku wyważenia subtelnych procesów w korze mózgowej. Wtedy uczucie

„ja jestem" nie przemieszcza się po matrycy indywidualnej duszy, lecz przemieszcza się po zewnętrznych matrycach, obcych nie tylko dla konkretnego człowieka, ale w ogóle dla ludzkości. Centralny punkt „ja jestem", okazuje się być w matrycach, które indyjska filozofia trafnie nazwała światami demonów. Od tej chwili panowanie nad nią staje się niemożliwe, ponieważ władzę nad nią sprawują istoty o demonicznej naturze. Dzięki Bogu nie mogą one od razu zawładnąć duszą, jednak panują nad świadomością człowieka tak długo, dopóki nie minie zamroczenie alkoholem. Wtedy człowiek może znów odzyskać kontrolę. Jednak nawet wtedy świadomość reaguje na powrót punktu „ja jestem" według siebie, podporządkowując się pradawnemu odruchowi, który na dobrą sprawę przywiązuje punkt ogniskowania świadomości do naszego ciała i utrwala punkt „ja jestem" tak mocno, jak tylko może. Tylko niezwykle doświadczony i potężny umysł potrafi jakoś ten punkt kontrolować.

Myślę, że wszyscy rozumieją, że alkohol podczas zajęć na czwartym stopniu DEIR powinien być odstawiony. Nikomu nie proponuję spożywania alkoholu, jednak wiadomo, wszyscy jesteśmy ludźmi i ludzkie słabości nie są nam obce. Jak słusznie powiedział ktoś wielki tego świata: wszystko co przyjemne, jest albo szkodliwe, albo amoralne, albo powoduje otyłość. Spis (gdyby taki zestawić) zmysłowych rozkoszy człowieka nie byłby wielki, a my przywykliśmy do tego, by go urozmaicać na różne sposoby. Dlatego zaproponuję wariant alternatywny, kompromisowy: podczas opanowania czwartego stopnia DEIR w ogóle nie sięgamy po alkohol. Gdy zakończymy naukę, możemy sobie na to pozwolić, ale w niewielkich ilościach i nigdy tak, by się upić. Pamiętajcie – nigdy w czasie zajęć na czwartym stopniu, w przeciwnym razie będziecie musieli długo dochodzić do siebie i powtarzać cały stopień od nowa. Naprawdę trzeba będzie to robić – ponieważ opanowaliście już wiele metod systemu

DEIR, wasza siła wzrosła, a kierunek ruchu zależy od stopnia niezależności waszej świadomości. Jednak im większa moc, tym większe niebezpieczeństwo czyha na tego, który nie poradzi sobie z kierowaniem nią. Przecież za kierownicą wywrotki siadają tylko doświadczeni kierowcy, a kontenerowcem mogą kierować wyłącznie najlepsi. Jeśli nie odzyskacie kontroli nad swoją świadomością, nie wiadomo, dokąd was to może zaprowadzić i na pewno nic dobrego z tego nie wyniknie. Na szczęście czwarty stopień DEIR sam posiada taką siłę, która obniża, a nawet w ogóle likwiduje ciągotki do alkoholu. Nie ulegajcie przyzwyczajeniom, a wtedy uda wam się zachować abstynencję.

To samo dotyczy słabych narkotyków, takich jak nikotyna czy kofeina, które wykorzystuje się w dużych ilościach. Jednakże palenie papierosów jest szkodliwe dla całego organizmu, wykorzystajcie zatem otwierającą się przed wami szansę – w trakcie czwartego stopnia systemu DEIR możecie wykorzystać obniżenie pociągu do nikotyny i całkowicie rzucić palenie! Bardzo wam to polecam – jeśli nie będziecie zwracać uwagi na obniżenie swej skłonności, przyzwyczajenie weźmie górę i stracicie tę możliwość.

Teraz słów kilka na temat jedzenia. Wegetarianizm obecnie praktycznie nie ma sensu. Musielibyście wydać bardzo dużo pieniędzy, aby skomponować pełnowartościowe wegetariańskie menu. Jednakże w czasie pracy nad czwartym stopniem DEIR proponuję, byście zupełnie przestali jeść mięso i ryby. Nie dotyczy to jajek, mleka, masła, twarogu, sera i kefiru. Potrzebne nam są białka pochodzenia zwierzęcego, jednak na czwartym stopniu nie przeszkodzą nam tylko takie, które nie mają negatywnej energetyki. Wszystko to, co należało kiedyś do innej świadomości, trzeba będzie odrzucić na czas ćwiczeń.

Dlaczego? Myślę, że zdajecie sobie już z tego sprawę. Posiadamy przecież podwyższoną wrażliwość, zatem mamy wielką szansę odczuć resztki programów i zamiarów, które zawierają produkty mięsne. Ich energetyka nie może nam zaszkodzić, ponieważ nasze siły znacznie przewyższają siły zwykłego człowieka. Nie znaczy to jednak, że nasza świadomość potrafi na czas oddzielić i unieszkodliwić fragmenty obcej energetyki. Bardziej prawdopodobne jest to, że może się pomylić, uważać je za własne i przyjąć do wykonania. Gdybyśmy byli w zwykłym stanie zwykłego człowieka, nie byłoby to straszne, ponieważ nasza podświadomość w charakterze modułów swojej pracy czasem wykorzystuje nie mniej niszczące konstrukcje, jednak w czasie przebudowy własnej energoinformacyjnej struktury i manipulacji punktem „ja jestem" wszystko przebiega zupełnie inaczej.

Kto wie, jakie obrazy tworzyły się w mózgu zwierzęcia tuż przed tym, zanim straciło życie? Można założyć, że był to ból i strach, odczucia kontaktu z tym, co poza granicami... Wszystkie te fragmenty mogą zostać wykorzystane przez naszą świadomość przy przemieszczeniu uczucia „ja jestem". Oczywiście wtedy uczucie przemieszcza się w niekorzystne strefy. Ból i strach są niczym w porównaniu z odczuciem kontaktu z tym, co czeka za kresem... To najbardziej niebezpieczne uczucie! W tradycyjnej ekstrasensoryce takie przemieszczenie punktu „ja jestem" właśnie w tym kierunku nazywane jest „podłączeniem się do mogiły". To jedno z najgorszych uszkodzeń wymagające dokładnego usunięcia i w dodatku – to jest najbardziej nieprzyjemne, trudne do zdiagnozowania. Jeśli nasza świadomość uznała program za swój własny, to możecie jednego być pewni – będzie miała aż nadmiar sił, by uskutecznić takie podłączenie.

Jeśli nie jesteście dla siebie wrogiem, to w czasie przechodzenia czwartego stopnia, gdy wymagana jest maksymalna czystość świadomości, pamiętajcie: żadnego mięsa! Potem, gdy już nie będziecie tak wyczuleni, tak wrażliwi na cudze programy – proszę bardzo, jedzcie mięso do woli. Ale nigdy nie na czwartym stopniu.

I ostatnia kwestia, która często nie jest brana pod uwagę przez ludzi dążących do czystości świadomości – telewizja. Zrozumcie, że im bardziej środek masowego przekazu jest zajmujący, im bardziej nęci i wabi, tym silniej działa na świadomość! Dlatego właśnie jest tak zajmujący.

Życie społeczeństwa dalekie jest od ideału na tyle, na ile jest to w ogóle możliwe. Wiadomości, o których informują środki masowego przekazu, w tym telewizja, praktycznie dotyczą spraw związanych z zabójstwami, gwałtem, kłamstwami albo z obłudą i nienawiścią polityków. Tendencje koniunkturalne, niezdrowa konkurencja, kłamstwa wdarły się nawet do sportu i kultury. Jedyna audycja telewizyjna, która zachowała czystość, w której nie ma podstępu czy przebiegłości, to prognoza pogody.

Siedząc przed ekranem telewizora, otrzymujemy bezpośrednio do świadomości pełny ładunek tej zgubnej papki. Informacje takie trafiają nawet bezpośrednio do naszej podświadomości – jeśli nieco oderwiemy się od programu telewizyjnego i pomyślimy o czymś innym. Reklama – ta wprost indukuje w nas choroby: „Dręczy was zgaga?", „Co robić, gdy boli głowa?", „Ból pleców..." – to proszę państwa sugestia w czystej postaci skierowana na to, by choroba właśnie mimo wszystko się pojawiła i aby człowiek tracił mnóstwo pieniędzy na kolejne cudowne panaceum.

Nawet klasyka telewizyjna nie jest tak bezpieczna, jak by się mogło wydawać, ponieważ posługuje się skrajnie silnymi podświadomymi obrazami, głęboko zapadającymi w duszę.

Aby nie być gołosłownym, przytoczę pewną historię, która przydarzyła się około pięciu lat temu mojemu uczniowi, mieszkańcowi Petersburga. Przechodził czwarty stopień DEIR, posiadał wspaniałą energetykę, gdyż wcześniej zajmował się już ekstrasensoryką. Miał aż nadmiar sił i zdolności. Gdy zaczął zajmować się czwartym stopniem DEIR, w telewizji rozpoczęła się emisja znakomitego filmu z czasów radzieckich: „Bieg". To jeden z najsilniej działających filmów o wielkiej energetyce. Jednakże jego fabuła nie zawiera ciepłych romantycznych obrazów.

Uczeń zakończył czwarty stopień – wtedy wszystko jeszcze było w porządku... Potem zaczął pić i zatracać się w hulankach. Na szczęście zareagowaliśmy szybko – zdążyliśmy, zanim popadł w alkoholizm. Pomogliśmy mu, choć nie było to łatwe. Cóż się okazało? Oglądając film, zrozumiał po raz pierwszy, że postać żałosnego żołdaka Czarnoty jest o wiele bardziej tragiczna niż postać krwawego Chłudowa. Program na samounicestwienie tej postaci, wspaniale zagranej w filmie, przeniknął do podświadomości, został rozpoznany jako własny i przyjęty za jeden z czynników przy realizacji przemieszczenia punktu „ja jestem". W rezultacie mało brakowało, by uczeń zniszczył sam siebie, przygniecony przemożną, nieustającą tęsknotą i dążeniem do rozpasania i pijaństwa. Miał wystarczająco dużo siły, by przeprogramować się od podstaw.

Wniosek jest jeden: gdy przechodzicie czwarty stopień DEIR (szczególnie pierwszy i trzeci krok), lepiej nie oglądajcie telewizji. Posłuchajcie muzyki, poczytajcie coś lirycznego. Jeśli nie możecie obejść się bez szklanego ekranu, bardzo dokładnie wybierajcie programy: najbardziej bezpieczne są filmy rysunkowe, programy o zwierzętach, przyrodzie, stare, dobrze znane filmy pozbawione obrazów wojen i krwi. Wszystkie programy, które nie są „silne", lecz spokojne i przyjemne.

Nie są to ograniczenia typu religijnego czy mistycznego. Wszystkie oparte są na zdrowym rozsądku człowieka, który nie chce sobie szkodzić.

Bardzo was proszę, byście dla swego dobra poważnie potraktowali moje przestrogi. Bądźcie bardzo uważni podczas pracy na czwartym stopniu DEIR.

To właściwie już wszystko. Pozostało nam jeszcze krótko omówić ostatni, piąty stopień systemu DEIR – w tej postaci, w której stworzyła go nasza grupa. Oczywiście prace były prowadzone w znacznie szerszym aspekcie, np. techniki stworzenia grup powiązanych energetycznie czy praktykowanie telepatii. Jednakże podstawowych stopni DEIR jest pięć. Z czwartym zdążyliście się już zapoznać.

ZAKOŃCZENIE

Moi drodzy Czytelnicy! Już wkrótce opanujecie całą wiedzę systemu DEIR – systemu dalszego energoinformacyjnego rozwoju.

Oczekiwałem, że ten system w czasach, w których przyszło nam żyć, stanie się dla wielu Rosjan promykiem nadziei w otaczającej nas szarej rzeczywistości. Nigdy jednak nie przypuszczałem, że tak wielu czytelników opanuje DEIR w tak krótkim czasie. Uczenie się z książki to nie to samo, co uczestnictwo w kursach DEIR – na nich łatwiej opanować system energoinformacyjnego rozwoju – skuteczność kursów jest stuprocentowa. Czytelnicy obalili moje ostrożne rachuby, liczba uczniów oraz ich zaangażowanie przeszły moje najśmielsze oczekiwania. I dzięki Bogu!

Praktycznie wszyscy, którzy samodzielnie uczyli się z pierwszej książki, doświadczyli zmiany losu. Zmieniła się ich sytuacja rodzinna, stosunki w pracy. Podwyższyła się efektywność, wzrosła niezależność... Przyjmijcie moje gratulacje! To wspaniale – kroczycie drogą samodzielnego postępu w tak trudnej dziedzinie, jaką jest energoinformacyjny rozwój.

Chciałbym jednak poruszyć pewną kwestię – z lektury waszych listów wynika, że ochronna otoczka, którą utworzyliście na pierwszym stopniu – na podstawie książki – nie jest tak trwała i wytrzymała, jak można by tego oczekiwać. A jest ona bardzo ważna – przecież to wasza ochrona przed energoinformacyjnymi pasożytami oraz energetycznymi atakami. Trwała otoczka to kwestia treningu. Jeśli nie jest solidna, możecie ją wzmocnić, przechodząc na podwyższony poziom centralnych strumieni. W razie trudności polecam kursy DEIR. Kursy umożliwiają szybsze opanowanie wiedzy, są one także bardziej efektywne, ponieważ raz zaczęty postęp energoinformacyjny jest nieodwracalny – wystarczy, np. że poczujecie aurę, a już wstępujecie na tę drogę.

Po analizie waszych listów zmuszony jestem poruszyć jeszcze jedną kwestię. Po raz kolejny muszę podkreślić, że wszyscy wykładowcy systemu DEIR posiadają stosowne świadectwa podpisane przez mojego przedstawiciela. Nie ma żadnego pożytku z kogoś, kto tylko przeczytał książki i na ich podstawie na własną odpowiedzialność chce wykładać system DEIR, nie znając specyficznej kolejności obrazów i nie posiadając specjalnych rezerw energetycznych, jakie mają wykładowcy naszej szkoły. Oprócz tego nie wykona on nawet prostego podłączenia uczącego gromadzenia rezerw energetycznych DEIR. Niemożliwe jest samodzielne podłączenie się do tych rezerw. W najlepszym razie skuteczność nauki u takiego człowieka będzie taka sama jak samodzielne przeczytanie książki. Często jednak bywa tak, że nauka u osób bez kwalifikacji przynosi szkodę, kalecząc energetykę słuchaczy i dyskredytując system. Dlatego koniecznie sprawdzajcie uprawnienia swoich wykładowców. Z listów wynika, że ludzie uczący się u tych, którzy wykładowcami DEIR nie są, choć za takich się podają, mają problemy już na drugim, trzecim stopniu. Lepiej zatem samodzielnie uczyć się z książek lub uczyć się u tych ludzi, których wyszkolenia jesteście pewni.

Teraz słów kilka o piątym stopniu. Jest tu mało teorii, za to dużo praktyki. Ukończywszy czwarty stopień, znaleźliście się na nowym energetycznym i informacyjnym poziomie, możecie bezpośrednio odczuwać prawidłowości otaczającego was świata przyrody nieożywionej, tj. czuć tzw. Światowe Prądy. Czym one są? Rzecz w tym, że cały nasz świat jest żywy i służy nosicielom wszechświatowej świadomości – takich czy innych jej elementów. Jesteśmy nieskończenie mali w porównaniu z otaczającym nas wszechświatem. Zatem skoordynowane procesy kosmiczne o nieskończenie ważnym znaczeniu wydają się nam prawdopodobne, czyli przypadkowe.

A tak wcale nie jest. Rządzą się one swoimi prawami, niekoniecznie uwzględniając potrzeby człowieka (z poziomu, na którym istnieją przyczyny tych procesów, człowiek jest niezauważalny, niewidoczny niczym ameba w stawie widocznym z Księżyca). Jednakże człowiek posiada dar wychwytywania tych prawidłowości. Możemy je poczuć i odpowiednio w związku z tym postępować. A od przypadkowych zdarzeń zależy (nie przesadzam) wszystko na świecie! Człowiek zależy od przypadku nawet wtedy, gdy stara się wszystko przewidzieć, tworzy coś świadomie i nieodwracalnie, i jest to szczyt jego możliwości, np. wysyła w kosmos statek kosmiczny. Przeszkodą może być meteoryt, może zdarzyć się zła pogoda, coś może się zepsuć... A mimo to człowiek stara się wszystko przewidzieć – taka jest kolej rzeczy, obraz działań wypracowany jeszcze w czasach pradawnego rozwoju. Jeśliby jednak można się dowiedzieć, co konkretnie stanie na przeszkodzie... Tak, można to zrobić, jest to realne – dzięki bezpośredniemu postrzeganiu Światowych Prądów i „wyodrębnieniu" ich charakteru.

Można osiągnąć nie tylko to. Człowiek posiada różne uczucia, w tym uczucie wiary. Różni się ono od pozostałych tym, że nie jest przywiązane do obiektów otaczającego nas realnego świata. To dobrze, ponieważ uczucie to jest pewną cząstką Twórczych Zdolności człowieka i umożliwia bezpośrednie oddziaływanie na zdarzenia otaczającego świata. Przecież twórczość – to właśnie zdolność powoływania na świat tego, czego wcześniej w nim nie było. Wykorzystanie tego uczucia pozwala człowiekowi samodzielnie kierować zdarzeniami, przywołując do świata te, które są mu potrzebne. Umiejętność ta wymaga znacznej koncentracji uwagi i wewnętrznej doskonałości – a to akurat nie jest obce tym wszystkim, którzy ukończyli czwarty stopień DEIR. Bardzo łatwo jest wpływać na świat nieznacznym tylko napięciem woli. Na to wszystko pozwala piąty stopień DEIR.

Przyjmijcie moje gratulacje, ponieważ kroczycie drogą postępu. Dziękuję wam za to, że pomagacie innym w wyborze dobrej drogi. Ewolucja duszy i świadomości – to właśnie powinno uratować ludzkość. Dziękuję wam wszystkim.

Do następnego spotkania!

SPIS TREŚCI

SZAMAN
To Twój miesięcznik!
...leczy ciało i duszę
UKAZUJE SIĘ OD 1990 R.
medycyna niekonwencjonalna
jak żyć w zgodzie z naturą
ćwiczenia dla poprawy zdrowia
bioterapia
targi zdrowia
porady
horoskop
www.redakcjaszaman.webpark.pl
tel. (032) 257-15-90
40-049 Katowice
ul. Kościuszki 19

Dimitri Wereszczagin
Kształtowanie. DEIR II

Czytając pierwszą książkę i poznając metody DEIR pierwszego stopnia, uczyliście się pracować ze swoją energetyką. Potraficie zauważać oddziaływania energetyczne z zewnątrz i chronić się przed nimi. Możecie zdiagnozować stan energetyki innych osób. Nauczyliście się uwalniać od patologicznych połączeń. Rzeczywiście, dokonaliście już bardzo wiele. Ale wasza droga do wolności jeszcze nie dobiegła końca. Pewnie też to odczuwacie – świadczy o tym pewien wewnętrzny dyskomfort. To oznacza, że przyszedł czas na kontynuację nauki. Czeka was nowy etap. Teraz musicie nauczyć się umiejętnie kształtować swoje nowe cele oraz tworzyć wewnątrz siebie programy sukcesu, powodzenia, dobrobytu, zdrowia, pewności, harmonii ze światem i wolności. Nauczycie się również pracy z karmą. Wszystko to jest tematem tej książki.

Dimitri Wereszczagin
Oddziaływanie. DEIR III

Po opanowaniu metod pierwszych dwóch stopni DEIR, zawartych w poprzednich książkach, postrzegacie o wiele więcej w porównaniu ze zwyczajnym człowiekiem. Można was porównać do człowieka ze zdrowymi oczami w kraju ślepców, chodzącego o własnych siłach w kraju inwalidów lub do wykształconej osoby, która trafiła do plemienia dzikusów. Owszem, tamci mogą być od was silniejsi. Lecz siła człowieka tkwi w umyśle, rozumowaniu i zdolnościach przewidywania wydarzeń, a nie w mięśniach. Umysł łatwo zwycięży prymitywną siłę – podobnie i wy, uzbrojeni w nowe możliwości, będziecie usuwać ze swojej drogi wszystkie przeszkody. Wasze cele są wyższe, ponieważ stanowią cele człowieka wolnego. Nie musicie być uzależnieni od głupich i śmiesznych przeszkód oraz bezsensownego zamieszania. Wystarczy nauczyć się najprostszych technik – i w przyszłości, całkowicie automatycznie, wszystko będzie się odbywało zgodnie z waszymi pragnieniami.